# 한국사를
# 지켜라
# 2
대한민국이
유신공화국이었을 때

# 한국사를 지켜라

## 2

### 대한민국이 유신공화국이었을 때

— 김형민 지음

푸른역사

# 10·26 운명의 날 전후하여

## 이회택 선수 '양지팀'의 부름을 받다

2~30대들이라 할지라도 축구를 잘 아는 사람들은 1990년 월드컵대표팀 감독이며 축구협회 기술위원장으로서 그 이름이 숱하게 지상에 오르내린 이회택의 이름 석 자를 알고 있을 것이다. 그 연배 이상의 축구팬에게 이회택이란 차범근에 그리 뒤지지 않는 이름이다. 그는 아시아 최고의 부동의 스트라이커였고 축구장에 입장한 관중들이 그가 출전하지 않는다는 것을 알면 이회택 내보내라고 야유를 퍼붓거나 환불소동을 빚는 일도 드물지 않았다.

그가 다른 길을 택했더라면, 즉 공부로 한몫을 봐서 고시에 도전하거나 당시 출세 코스였던 육군사관학교를 가거나 했더라면 그의 인생은 그렇게 빛을 보지 못했을 것이다. 그는 의용군으로 입대했다가 북한을 택한 월북자의 아들이었으니까.

일제강점기 말기 처녀들을 납치해서 데려간다는 소문 때문에 이회택의 부모는 조혼에 가까운 결혼을 했고 1946년 이회택을 낳았을 때 아버지 나이는 불과 열여덟 살이었다. 동시에 전쟁에 끌려가기 딱 좋은 나이였다. 이회택의 아버지와 삼촌은 한국전쟁이 터지자 의용군으로 입대해 이후 월북했다. 젊다기보다는 어렸던 어머니는 개가했고 이회택은 할머니 슬하에서 자라났다. 월북자들의 가족이 박절한 대우를 받았던 세월이었지만 축구에는 연좌제가 적용될 여지가 없었던지 그는 한국의 고도 경제 성장기이자 한국이 아시아의 축구 강자로 떠오르던 60년대 말과 70년대 한국 최고의 스타플레이어로 활약했다.

이회택은 1967년 연세대에 입학하여 훈련에 열중했다. 그러던 어느 날 그의 앞에 검은 지프가 들이닥친다. 감독 이하 학교 관계자가 설설 기는 가운데 그는 지프에 태워져 어딘가로 실려간다. 그렇게 끌려간 곳이 '양지' 팀이었다. 김종필 초대 중앙정보부장이 작명했다는 부훈部訓 "음지에서 일하며 양지를 지향한다"에서 따온 이름의 중앙정보부 직할 축구팀이었다. 바로 전해 1966년 영국 월드컵에서 8강의 신화를 쓰며 전 세계를 경악시킨 북한 축구팀의 대성공에 배가 아프다 못해 찢어질 것 같았던 박정희 대통령과 중앙정보부의 축구 진흥 프로젝트였던 것이다. 아마도 김형욱 중앙정보부장을 불러 이렇게 얘기했을 것이다.

"임자. 거 이북이 하는 걸 우리는 왜 못 하나."

이 양지 축구팀은 사실상의 국가대표팀으로 당시로서는 천국 유람과 비슷한 격이었을 유럽 전지훈련까지 다녀오는 호강을 누렸다. 그런데 왜 이회택은 양지팀에 회한을 가졌을까.

"양지팀 봉급이 2만 원이었어요. 고위 공무원보다 높았을 겁니다. 그래서 흥청망청했지요. 대표선수라면 술도 일등, 노름도 일등을 해야 하던 시절이라 요즘 같은 선수 관리가 안 되던 시절이었지요."

이회택은 양지팀에서 나온 뒤 연세대가 아닌 한양대로 복귀하여 대학을 졸업한다. 그렇게 10년이 넘도록 한국 축구를 주름잡던 그가 축구화를 신고 마지막으로 그라운드를 누빈 것이 1979년이었다. 1979년 제60회 전국체전은 대전에서 열렸다. 그 전국체전의 마지막을 장식하는 축구 결승전이 바로 포항제철과 서울시청의 대결이었다. 그때 이회택은 은퇴를 앞둔 서른넷의 노장이었다. 체력에 문제가 있었던지 전반은 뛰지 않던 그가 후반전 교체 선수로 그라운드에 들어서자 작은 흑백TV 화면에서 귀가 트이는 함성이 울려 퍼졌다.

"이회택이 나온다."

## 전국체전 환호 속 부마항쟁 함성이

이어진 그의 플레이는 가히 오늘날 아르헨티나의 천재 공격

수인 메시와 코트디부아르의 '축구의 신' 드로그바의 활약에 비해도 손색이 없었다. 그가 들어가기 전과 후의 분위기는 극명하게 갈렸다. 연신 아나운서가 부르짖는 '노장'의 호명을 어깨에 짊어지고서도 그는 종횡무진 그라운드를 누볐고 열 살 넘게 어린 선수들을 손쉽게 제치며 포철 선수들에게 힘을 불어넣었다. 아쉽게 마지막 한 점을 따라가지 못해 4대 3으로 패해 준우승에 그쳤지만 실로 짜릿한 대추격전이었고 명승부였다. 그런데 그해 전국체전의 마지막 일정은 부마항쟁의 마지막 날과 겹쳐 있다. 부마항쟁이 터진 건 1979년 10월 16일. 폐막은 17일.

가난 속에 새끼줄로 공을 만들어 차던 월북자의 아들이 스타플레이어로서 한 시대를 풍미하고 현역으로서 마지막 경기를 치르던 때, 18년 동안 한국을 지배했던 독재자의 마지막 시간이 다가오고 있었다. 왕년의 남로당 군사총책이자 자신의 쿠데타 이후 반색을 하며 내려온 북한의 밀사이자 왕년의 정신적 스승이라 할 황태성을 만나지도 않고 죽인 인물이었다. 황태성이 가져온 북한 필름을 보면서 "우리는 언제 저렇게 될까" 탄식하던 군인이자 그 후 북한과 한 하늘을 두고 살 수 없는 적이자 라이벌 관계를 형성하며 심지어 정보기관 산하의 특수 축구팀을 만들기까지 했던 대통령이었다. 이회택이 뛰던 탄탄한 축구팀의 모기업인 포항제철을 설립한 것을 필두로 고도 경제 성장의 70년대를 이끄는 와중에 잔인한 유신의 칼날을 휘둘렀던 독재자의 마지막 시간이 다가오고 있었던 것이다.

전국체전 폐막을 알리는 1979년 10월 18일자 《동아일보》의 1면 머릿기사는 "부산에 비상계엄"이었다. 이미 사람 여럿을 형장의 이슬로 사라지게 하고 폐인을 만들었던 유신의 광기의 서슬은 푸르다 못해 검게 변색해 있었다. 그날 신문 1면에 실린 박정희 대통령 담화문의 일부다.

…… 부산에서 지각없는 일부 학생들과 이에 합세한 불순분자들이 이 엄연한 국가현실을 망각 외면하고 공공질서를 파괴하는 난폭한 행동으로 사회 혼란을 조성하여 시민들을 불안케 하고 있음은 개탄을 금치 못할 일입니다. 나는 이와 같은 중대한 국면에 처하여 헌법이 부여한 막중한 책무를 수행하기 위하여 헌법 제54조 규정에 따라 국무회의 의결을 거쳐 부산직할시 일원에 비상계엄을 선포하게 된 것입니다. ……

이 담화문에서 눈에 띄는 단어 중 하나가 있다면 바로 '나는'이다. 대통령으로서 '3천 7백 만 국민'에게 고하면서 '저는'도 아니고 하다못해 후일 전두환 대통령이 즐겨 쓴 '본인'도 아니고 '나는'을 고집하는 위엄이라니. 그의 명령으로 부산 일원에는 18일 0시를 기해 비상계엄령이 떨어졌다. 이미

16일과 17일 양일간 경찰차 12대가 불타거나 부서지고 21개 파출소가 쑥대밭이 되고 세무서와 도청에까지 시위대의 공격이 이어지는 상황에서 유신정권은 인내심이 많지 않았다.

## 부산 일원 비상계엄…… 공수부대 투입

민간인들의 시위에 군대를, 그것도 유사시 적의 심장부를 강타하도록 훈련된 최정예 부대를 투입하는 방식은 이때 도입된다. 박희도 준장이 지휘하는 1공수여단과 최세창 준장의 3공수여단, 박구일 대령이 지휘하는 해병대 1사단 7연대가 부산에 투입된다. 해병대는 좀 나았다고 전해지지만 공수부대는 대단한(?) 활약을 선보인다. 대검 꽂은 M16을 휘두른 공수부대의 폭력은 몇 달 뒤 광주에서 일어나는 비극의 처절한 프롤로그가 된다.

> 시민들의 80퍼센트 이상이 머리에 상처를 입었다. 다친 시민들의 진단 병명을 열거하면 당시 군인들이 시민과 학생을 어떻게 무차별 폭행했는지를 알 수 있을 것이다. 창자파열, 뇌좌상, 뇌진탕, 전두부파열상, 후두부열창, 안면열창, 안면부내부열창, 전신타박상, 뇌경막손상 ……(〈부마사태와 김재규〉, 조갑제닷컴).

부산 시위는 인근의 마산으로 번졌다. 4·19혁명의 기폭제가 된 3·15의거의 자부심을 간직한 도시 마산 역시 부산만큼이나 뜨거운 봉기로 폭발했다. 이미 10월 18일 경남대학교 학생들은 유신 철폐를 외치며 경찰과 투석전을 벌였고 시민들의 참여도 두드러졌다. 더하여 수출 자유 지역이 자리 잡고 있던 이곳의 노동자들이 시위에 끼어들자 유신정권으로서는 20일 마산에도 위수령을 산포하여 '부마항쟁'이라는 단어가 명실상부하게 성립된다. 시위는 가라앉은 듯 했지만 중앙정보부장 김재규는 이 시위가 왜 일어났고 누구를 겨냥하고 있는지를 잘 알고 있었다. "불순세력이나 정치세력의 배후 조종이나 사주로 일어난 것이 아니라 순수한 일반 시민에 의한 민중 봉기로서 시민이 데모대에게 음료수와 맥주를 날라주고 피신처를 제공하는 등 데모하는 사람과 시민이 완전히 의기투합하여 한 덩어리가 되어 있었고 …… 체제 저항과 정책 불신 및 물가고에 대한 반발에 조세 저항까지 겹친 민란"이라고 보고하고 있었으니까.

그러나 동네를 벗어날 일이 별로 없던 어린 내게는 그 거대한 역사의 물줄기는 별로 영향을 주지 못했다. 부모님과 함께 외출했다가 두 시간 당겨진 밤 10시 통금에 걸릴까봐 허겁지겁 뛰었을 때는 정말 무서웠지만 그 외에는 세상이 어떻게 얼어붙었고 또는 어떻게 들끓고 있는지 알 길이 없었다. 10월 27일 새벽이 오기 전까지는.

어려서 아침잠이 없던 나는 새벽 6시면 일어나서 책도 보고 동네 앞산도 다녀오곤 했는데 1979년의 10월 27일에도 산기슭을 배회하다가 집으로 돌아오는 길이었다. 동네 구멍가게 형이 뭔가를 열심히 찾고 있는 게 눈에 띄었다. 아마 아침 7시 반쯤 되었을 것이다. 이미 날이 훤히 밝은 지 오래였으니까.

"대통령이 죽었단다"

"뭐 찾능교?"라고 물었을 때 그 형의 답은 천만뜻밖이었다. 지금도 귀에서 잉잉거리는 다급한 말투로 그는 이렇게 얘기했다.

"야, 니도 빨리 집에 가서 태극기 찾아라. 대통령이 죽었단다. 조기 달아야 된다."

총알이 양 귓전을 뚫는 느낌이랄까 찌잉 소리가 머리 한복판을 관통하고 두어 바퀴를 돌았다. 농담이라고 생각할 겨를조차 없었던 게, 워낙 그 형의 말이 진지했고 그의 다급한 손길이 태극기를 이미 꺼내들고 있었기 때문이다.

나는 마징가 제트처럼 집으로 날아갔다.

"대통령이 죽었답니더. 대통령이 돌아가셨답니더."

그 소리는 북괴군이 쳐들어왔다는 말과 동급의 무게로 집안을 흔들었다. 처음에는 무슨 소리냐를 연발하던 아버지 어머니도 새파랗게 질린 아들의 표정을 보고는 심상찮은 일이 터졌음을 직감하신 것 같았다. 아침 TV 방송이 없던 시절, 온 가족은 라디오 앞으로 집결했다. 거기서 흘러나오던 아나운서의 침울한 목소리.

"차지철 경호실장과 김재규 중앙정보부장이 다투는 과정에서 우발적으로 발사된 총에 박정희 대통령 각하가 서거⋯⋯."

여기까지 듣던 어머니가 어이가 없다는 듯 말씀하셨다.

"미친 놈들 대통령 앞에서 총 들고 싸웠다는 거야?"

어린 나는 이때 여러 개의 한국어 단어를 습득했다. '우발적'이란 것이 무엇인지, 그리고 '서거'가 무엇인지 말이다. 결국 대통령 앞에서 중앙정보부장이라는 사람과 경호실장이라는 사람이 싸우다가 총을 빼들었고 쏜다 안 쏜다 실랑이하다가 우연히 발사된 총알에 대통령이 죽었다는 것이다. 일단 대통령이 '중상'도 아니고 '서거'라고 못 박았으니 대통령이 죽은 것은 분명했다. 그런데 여기서 아버지가 이상한 말씀으로 어머니에게 대답했다.

"누가 죽였을 수도 있고."

## "올 게 왔구만"

움찔 눈이 튀어나올 만큼 놀라는 내 앞에서 아버지는 한마디를 더하셨다. 그것은 5·16쿠데타 당시 대통령 윤보선이 했다는 그 말과 같았다.

"올 게 왔구만."

비록 어렸지만 그 말의 의미를 모를 만큼 언어 감각이 뒤떨어지지는 않았기에 나는 아버지의 반응이 의아했다. 올 게 오다니, 대통령이 누군가에게 죽음을 당하는 일이 눈이 튀어나올 만큼 놀라운 일은 아니라는 말씀이 아니신가.

어쨌든 학교는 가야 했다. 학교 분위기도 뒤숭숭했다. 나처럼 라디오 뉴스라도 듣고 온 아이들도 있었지만 괴뢰군이 쳐들어와서 박정희 대통령 목을 따 갔다는 아이들도 있었고, 서거는 잘못된 소식이고 대통령은 살아계시다고 책상을 치는 아이도 있었다. 그 논쟁은 선생님이 들어오면서 간단하게 정리됐다. 대통령이 죽은 게 맞았다. 그런데 그 뒤가 간단하지 못했다. 반장이 일어서 차렷 경례를 하고 일어선 채로 선생님의 짤막한 인사를 듣고 앉는 것이 정석이었는데 차렷 경례 후 선생님의 눈물의 훈화가 조회 후 1교시 내내 진행된 것이다. 기억 나는 멘트는 대충 이러하다.

"하늘이 무너져도 이렇게 무너진단 말이냐. 땅이 꺼져도 이렇게 꺼진단 말이냐. 아직도 정신을 차릴 수가 없다. 대통령이 돌아가셨다. 우리 모두의 아버지가 돌아가신 것이다."

당시 담임선생님은 아동문학을 하는 분이었다. 부산 아동문학가협회 회장인가 감투도 쓰고 있었다. 그래서 그런지 추모의 변도 절절했고 뭐라고 알아듣기 힘든 미사여구도 동원됐다. 돌이켜보면 그때 담임선생님의 정신 상태는 김일성이 죽었을 때의 북조선 인민들과 별 차이가 없었던 것 같다.

분위기 맞추느라 고개를 숙이고 있다가 흘낏 선생님을 봤을 때 그는 눈물을 철철 흘리고 있었다. 그 눈물은 이내 아이들에게 전염되었고 반 아이들 대부분이 엉엉 울었다. 나는 솔직히 1시간을 선 채로 있어 다리가 아파서 울었지만. 교무실을 지나다가 교무실 벽에 높다랗게 걸려 있는 박정희 대통령의 사진을 보았다. 아 저분이 돌아가셨구나. 그분은 내가 태어날 때부터 대통령인 그분이, 우리 어머니가 중학생 때부터 대통령이셨다는 그분이 돌아가셨다는구나. 뉴스에 나와서 논바닥에 퍼질러 앉아 막걸리도 자시고 해운대 암소갈비집에 다녀가셔서 대통령이 왕림한 집이라고 소문도 나게 했던 저분이.

그로부터 며칠 동안 분위기는 온통 흑백이었다. 컬러TV가 없던 시절이었으니 당연하기도 했겠으나 TV는 하루 종일 향불만 피워 올렸고 문공부 장관은 기자들 앞에서 헉헉대며 울었다. 비상계엄은 부산·마산에서 전국으로 확대됐고 박 대통령의 빈소 앞에는 통곡하며 분향하는 사람들이 줄을 섰다.

## 건국 최초 9일장 …… 통곡하는 사람들

그렇게 며칠이 흘렀다. 박대통령 장례는 건국 후 최초의 국장으로 9일장을 치르기로 결정됐다. 날짜는 11월 3일이었다. 이날 초중고 전 학교는 휴교했다. 국장이 있기 전날 담임선생님은 또 한번 우리의 다리를 아프게 했다. 장장 수십 분 동안 장광설을 늘어놓았던 것이다.

"내일은 국장일이다. 느그 집안에 아부지가 돌아가시면 우예 되겠노. 밥이 넘어가겠나. 책이 눈에 들어오겠나. 똑같아. 내일은 나라의 아부지가 돌아가셔서 장례를 치르는 날이다. 그래서 느그도 학교 안 나오는 기다. 공부가 눈에 안 들어와서. 선생인 나도 수업을 할 수가 없어서 ……."

대충 재구성한 멘트는 이렇지만 당시의 선생님 멘트와 대차가 없을 것이다. 그는 분명히 '나라의 아버지'라고 했다. 어쨌든 학교에 안 나오다니 이게 웬 떡이냐. 몇 놈들이 참 철도 없이 복도를 가로지르면서 '와 내일 학교 안 나온다' 환호하다가 바로 옆 반 선생님에게 걸렸다. 십 년 묵은 호랑이 멧돼지 본 기세로 교실 문을 박차고 나온 선생님에게 그 몇 놈의 아이들은 눈동자가 돌아가도록 얻어터지고 한 명은 코피 범벅이 되고 말았다.

다음날 아침 일찍 나는 동네 유치원 원장님께 심부름을 갔었다. 책상에 앉아서 뭔가 사무를 보고 있던 원장선생님이 TV를 켜고 계시지 않기에 어린 나는 입바른 소리 잘하는 어린이로서 설레발을 떨었다.

"샘예. 국장 보셔야지예. 대통령 장례 아닙니꺼."

그러면서 호들갑을 계속 떨며 TV를 켰다. 또깍. 흑백TV에 실황 중계가 비쳐졌다. 광화문 네거리에 긴 아치로 된 박정희 대통령 각하 국장 휘장도 보였다.

그때 나이 쉰 줄의 원장선생님은 갑자기 혼잣말을 했다.

"일은 참 많이 했지 저 사람이."

"나라의 아버님"이 가신 마당이었기에 나는 의아해서 유치원 원장샘을 바라보았다. "저 어르신"도 아니고 "저분"도 아니고 "저 사람"이라니. 그런데 그다음 튀어나온 말을 나는 지금도 그 특유의 경상도 억양까지 선명히 기억한다.

"소새끼같이. 소새끼같이 열심히 했지."

서울 사람들이 이 말을 하면 그 뉘앙스가 애매할 수 있으나 경상도 사람이 감정을 뉘앙스에 실어서 저 말을 하면 그 뜻은 매우 확연하고 명료해진다. 그때 원장선생님은 박정희 대통령에 대한 감정이 심히 좋지 못했다. 왜 그러셨는지는 모르겠지만 그때 원장선생님의 방점은 확연히 "열심히 했지"가 아니라 "소새끼"에 찍혀 있었다.

## 15년 뒤 북한에서 그대로 재연

그 후로 펼쳐진 풍경은 영화 〈효자동 이발사〉를 보면 안다. 영구차는 투명했고 그 안에 태극기 덮인 관이 있었으며 육사 생도들이 그 관을 호위하며 천천히 한 발 한 발 각을 지어 걸어갔다. 모르긴 해도 아마 다음날 육사 생도들은 무릎 관절 때문에 앓아누웠을 것이다. TV에서 성우가 읽는 박정희 대통령에게 바치는 조시가 흘러나왔다. 작사자는 이은상이었다. 고지가 바로 저긴데 예서 말 수는 없다며 사람들의 등짝을 때리는 채찍 같은 시를 지었던 그분의 조시는 절절하고 명문이었다.

태산이 무너진 듯 강물이 갈라진 듯/ 이 충격 이 비통 어디다 비기리까/ 이 가을 어인 광풍 낙엽지듯 가시어도/ 가지마다 황금열매 주렁주렁 열렸소이다./ 오천년 이 겨레의 찌든 가난 몰아내고/ 조상의 얼과 전통 찾아서 되살리고/ 세계의 한국으로 큰 발자국 내디뎠기/ 민족의 영도자외다, 역사의 중흥주외다./ (중략) 십자가 지신 오늘 붉은 피 흘리셔도 피의 값 헛되지 않아 보람 더욱 찾으리다./ 육십 년 한평생 국민의 동반자였고 / 오직 한길 나라 사랑 그 길에 바친 이여./ 굳센 의지 끈질긴 실천 그 누구도 못 지을 업적/ 민족사의 금자탑이라 두고두고 우러보리라. ……

연도에는 수많은 이들이 나와 있었다. 그리고 서러운 울음을 터뜨렸다. 진짜로 부모를 잃은 듯이 울었다. 어떤 할머니는 엎드려서 울었고 우리 동네 곳곳에서도 울음소리가 터져나왔다. 아이고 아이고. 그때 나는 알았다. 울음은 전염되는 걸. 소리는 점점 더 커졌고 울음은 전파되었으며 나중에는 소새끼 운운했던 원장선생님까지 눈시울을 붉혔다. 태산에 강물도 슬퍼하는 민족의 지도자에 역사의 중흥주요 십자가까지 지신 예수에다가 민족사의 금자탑까지. 이렇게 묘사하는 나라는 지구상에 몇 나라 안 된다. 굳이 들자면 동족의 나라뿐. 사실 이날은 그로부터 15년 뒤 김일성 주석의 사망 때 북한이 보여 준 풍경의 전조였으며, 그날 본 모습은 북한에서 선보인 통곡의 물결(?)과 거의 일치하고 있었다. 탈북자 출신《동아일보》주성하 기자가 묘사한 김일성 주석 사망일의 북한 풍경을 보면서 일종의 평행이론의 그림 같은 재연에 경악했다.

남과 북에서 각각 슬피 울었던 사람들의 진정성을 부인하지는 않는다. 앓던 이도 빠지면 섭섭한 게 인간인데 18년 동안 또는 50년 동안 한 나라를 틀어쥐었던 절대권력자의 죽음에 범연할 수는 없었을 것이다. 물론 당시 3천 7백 만 국민 사이에는 많은 스펙트럼이 있었다. 국장일이라 학교 안 간다고 좋아하던 아이들의 뺨을 무슨 빨갱이라도 잡은 양 강타하던 선생님도 있었고, 서거 소식에 태극기부터 조건반사적으로 찾던 구멍가게 형처럼 눈치가 몸에 밴 사람들, "올 게 왔구나" 중얼거리던 아버지처럼 정권의 몰락을 예감하고 있던 사람들, 긍정성과 부정성을 모두 담아 '소새끼'라는 표현을 했던 원장선생님 같은 분들, 박정희 타도를 부르짖으며 남포동 거리를 누비다가 공수부대에 두들겨 맞은 사람들 등등 모두가 엄연했다. 하지만 그들에게 10·26과 그 후 1주일은 침묵의 향불 속에서도 설렘이 일렁이던 시간이었다.

계엄의 서슬은 시퍼렜으나 유신의 심장은 멈췄다. 지금까지와는 다른 세상이 기지개를 펴고 있었다. 열 살 '국민학생'이었던 나도 그랬을까. 축구 보기를 좋아했고 1978년 아르헨티나 월드컵을 보면서 처음으로 새벽별을 담았던, 10·26 며칠 전 이회택의 질주에 열광하던 한 소년은 이렇게 아버지에게 물었다.

"그럼 박스컵(박정희 대통령배 국제축구대회를 이렇게 불렀다)은 이제 최스컵(당시 대통령 권한대행이 최씨라고 했으므로)이 되는 거야?"

아버지는 '최스컵?' 하며 고개를 갸웃하셨다.

"뭐 그렇게 될 수도 있고 바뀔 수도 있고."

며칠 뒤 나는 TV에서 특이한 인물을 하나 보게 된다. 군복 차림의 대머리. 역사는 그렇게 숨가쁘게 아울러 숨막히게 돌아가고 있었다.

나의 어릴 적 기억은 박정희 대통령이 돌아갔던 1979년을 분수령으로 이전과 이후로 나뉜다. 코흘리개를 갓 면한 어린 나이였음에도 대통령의 죽음은 크나큰 충격이었다. 그로부터 서른여섯 해가 흘렀다. 일제강점기와 비슷한 세월이고 그 세월 동안 초등학교 4학년 꼬마는 직장 생활 20년차에 대입 수험생 학부형이 됐다.

웬만하면 염색하라는 주변의 권유를 피할 수 없게 된 머리카락 매만지며 박정희 대통령의 치세를 돌아보건데 나는 그에 대해 각박한 평가를 하고 싶지 않다. 그가 대한민국 권좌에 앉아 있었던 18년 반 동안 대한민국은 환골탈태에 가까운 변화를 겪었고 그를 부정하든 긍정하든 우리 역사는 그 성과와 한계 위에서 성장해 왔다. 다른 제3세계 독재자들에 비교하면 박정희 대통령의 역사적 역할은 더욱 도드라지는 부분이 있다고까지 여긴다.

그러나, 그럼에도 불구하고, 그의 공을 십분, 백번 인정한다 하더라도 그의 마지막 10년, 70년대와 유신시대라 일컬어지는 7년하고도 7일의 시간은 긍정하기에는 너무 지독하고 질끈 눈 감기에는 끔찍하도록 참혹한 채찍들이 대한민국이라는 민주공화국을 후려갈기던 시간이었다. 한 사람의 공功을 기억하자면 그의 과過도 명심해야 한다. 하물며 그 허물에 대해 논하고 그의 공적에 드리운 그림자를 말함이 '자학自虐' 사관에 '좌익 편향'이라 일컬어지는 일은 있어서도 안 되며 있을 수도 없는 억지요 만용이다. 기본적으로 이 책은 2015년, 박정희 대통령이 돌아간 뒤 서른여섯 해에 홀연히 돌아와 우리 앞에 선 억지와 만용의 여신女神에 대한 반동과 항의의 소산이다.

누구인지도 모르게 'IS처럼 복면을 한' 이들이 집필 중인 한국사 국정교과서에 반대한다. 역사는 기본적으로 성찰과 해석의 학문이다. 성찰과 해석이 단일한 방향으로만 행해져야 한다는 것 자체가 모순이거니와 항차 '올바른'이라는 가치까지 곁들여져 그 해석에 동의하지 않으면 올바르지 못하다거나 편향되었다거나 심지어 '혼이 비정상'으로 규정되는 국면에는 도저히 동의할 수 없다.

다시금 한 시대를 마감했던 박정희 대통령의 국장을 떠올린다. 그는 보다 더 행복할 수 있었다. 아내도 그렇게 잃지 않을 수 있었고 본인도 비명에 가지 않아도 됐을 것이다. 하지만 그는 그 길로 갔다. 그 길을 되짚어 보고자 한다. 역사는 재연되나 반복되지 않음을 기억하면서.

2016. 5. 18

김형민

● 책을 내며 _ 004

10 · 26 운명의 날 전후하여

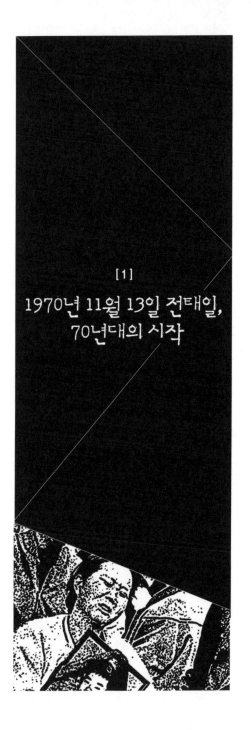

[1]
1970년 11월 13일 전태일,
70년대의 시작

## '대망의 70년대'가 개막되다

1970년대가 밝았다. 4·19로 문을 연 1960년대는 짧디 짧은 민주주의를 짓밟고 들어선 작달막하고 다부진, 동시에 만주군 소위와 남로당 군사총책 등 실로 다양한 경력을 지닌 정치인의 치세 중에 막을 내렸다. 그 해의 시작은 영하 20도의 강추위와 함께했다. 박정희 대통령은 '대망의 70년대'를 강조한 신년사에서 다음과 같이 건조하게 '지침'을 내렸다.

1인당 국민소득은 5백 달러 선을 훨씬 넘어야 하고 수출은 적어도 50억 달러 선을 돌파해야 한다. 경제의 규모나 단위 그리고 평가의 기준은 모두 국제적 수준에서 다뤄져야 하며 우리의 상품들은 국제시장에서 당당히 경쟁하여 다른 나라 상품을 압도해야 하며 그중에서도 몇몇 산업부문은 세계 제1위를 자랑할 수 있게 돼야 한다.

대통령이 국민들에게 보내는 신년사라기보다는 사단장이 휘하 병력에게 전투력 측정 대회의 목표치를 제시하는 듯한 어투였다.

이외에도 몇 개의 숫자가 등장하고 이런저런 '기어이 실현해야 할' 일들을 제시했지만 막상 그것을 수행해야 할 국민의 삶과 권리에 대한 표현은 인색하거나 전무했다. 딱 한 구절, "모든 사람들이 일자리를 가질 수 있고 한 사람의 노동 대가가 한 가구의 생계를 능히 꾸려나갈 수 있게 하여 서민 생활에 보다 여유와 윤기가 돌게 해야 하겠다"는 문장이 간신히 얼굴을 디밀고 있을 뿐이었다.

## "우리는 기계가 아니다"

박정희 대통령이 이 무뚝뚝한 신년사를 발표하기 하루 전인 1969년 12월 31일, 나이 스물세 살을 맞는 동대문 평화시장의 한 재단사는 이런 다짐을 하고 있었다.

"올해와 같은 내년을 남기지 않기 위하여 나는 결단코 투쟁하련다. 역사는 증명한다."

그는 그보다 한 달 전 대통령에게 부치지 못한 편지를 썼었다.

대통령 각하. 사회는 이 착하고 깨끗한 동심에게 너무나 모질고 메마른 면만을 보입니다. 저는 여기에서 각하께 간구하지 않을 수 없습니다. 저 착하디착하고 깨끗한 동심을 좀 더 상하기 전에 보호하십시오. 저희들의 요구는, 1일 15시간의 작업시간을 1일 10~12시간으로 단축해 주십시오. 1개월 휴일 2일을 늘려서 일요일마다 휴일로 쉬기를 원합니다. 건강진단을 정확하게 하여주십시오. 시다공의 수당(현재 70원 내지 100원)을 50퍼센트 이상 인상하십시오. 절대로 무리한 요구가 아님을 맹세합니다. 인간으로서 최소한의 요구입니다(《전태일 평전》).

당시 섬유는 한국의 주요 수출품 중 하나였다. 미국 주재 한국 대사가 미 국무부 차관과 차관보 앞에서 "직물 수출은 한국의 사활 문제"이니 목표를 채울 수 있도록 도와 달라고 읍소할 정도로 섬유제품 수출은 '50억 달러 수출' 목표를 달성하기 위한 알파요 오메가였다. 그리고 평화시장의 노동자들은 그 수출액의 달러 한 장, 센트 한 닢을 벌기 위해 일주일에 단 하루도 쉬지 못했고, 하루 열 다섯 시간씩 햇빛도 보지 못한 채 일하고 있었다. '인간으로서 최소한의 요구'조차 박탈당한 채였다. 대통령에게 편지를 썼던 재단사는 그 뒤 자신의 요구를 실현하기 위해 모든 노력을 다한다. 노동청(노동부 이전 노동청 시절)을 찾고 언론사 기자에게 머리를 조아리고 동료들을 모아 데모도 하고 경찰에게 호소도 하면서. 그러나 1970년 대한민국은 끝내 그를 외면했다.

1970년 11월 13일 전태일은 법치국가의 수도 한복판에서 법을 지키라고 외치며 분신했다. '인간의 존엄성'을 기본 원리로 삼는다는 민주주의 국가에서 폐병으로 쓰러져 가는 열서너 살 시다들의 권리를 제발 살펴 달라고 호소하면서 자신의 몸을 불태웠다. "우리는 기계가 아니다"라는 것을 증명하기 위해 그의 육신을 스스로 불구덩이에 밀어넣었다.

## "내 죽음을 헛되이 하지 말라"

전태일의 죽음은 많은 이들을 감동시켰다. 전태일 같은 이들의 존재를 몰랐던 사람들, 알았지만 관심이 엷었던 사람들 가운데 많은 이들이 전태일의 죽음에 가슴을 쳤다. 고 김재준 목사 등 한국 기독교의 거인들의 심장에도 전태일은 커다란

**전태일의** 죽음이 세상에 알려진 계기는 《주간조선》이 전태일의 일기를 보도하면서부터였다. 사람들이 구름처럼 몰려들었다. 그 태반은 전태일이 단 한 명이라도 있으면 좋겠다고 한탄했던 '대학생'들이었다. 공권력은 또 이들을 해산시키고 체포해 갔고 전태일의 어머니는 그들을 내놓기 전까지는 그리고 노동조합 결성 등 아들의 뜻이 이뤄지기 전까지는 장례를 치르지 않겠노라 선언했다. 노동청장 이하 중앙정보부원들까지 쫓아와 돈다발을 안기며 남은 사람들이라도 잘 살아야 될 거 아니냐고 회유했지만 아들 잃은 어머니의 시퍼런 분노는 가시지 않았다.

불화살로 꽂혔다. 고 문익환 목사는 "전태일이야말로 예수였다"라고 선언했거니와 전태일처럼 예수와 닮은 삶을 산 이는 세계 역사 속에서도 그리 흔치 않다.

조금만 불쌍한 사람을 보아도 마음이 언짢아 그날 기분은 우울한 편입니다. 내 자신이 너무 그러한 환경을 속속들이 알고 있기 때문인 것 같습니다. 그런 고로 인해서 자연히 다른 감정에도 잘 동화되며 남자인 내가 불쌍한 광경으로 인해서 코언저리가 시큰할 때가 많으니까 말입니다(《전태일 수기》).

**장례는** 분신 5일 만에 치러졌다. 어머니는 상가 책임자로부터 노조 사무실 제공 문서를 받고 그 사무실이 번듯하게 차려지는 것을 보고 나서 장례를 허락했다. 11월 18일 전태일의 장례식에서 김재준 목사가 남긴 말은 그곳에 모인 수많은 사람들의 가슴과 머리를 쳤다. "우리는 여기에 전태일의 죽음을 애도하기 위해 모인 것이 아니라 우리의 나태와 안일과 위선을 애도하기 위해 모였다."

이렇게 말하는 스무 살의 노동자와 "네 이웃을 네 몸같이 사랑하란 말이야. 이 말에 율법이고 예언자고 하는 군상들의 모든 것이 담겨 있다고"라고 설교하던 서른 셋의 목수가 어떤 차이가 있다는 말인가.

차비를 털어 나이 어린 시다들에게 풀빵을 사 주고 청계천에서 수유리까지 휘파람을 불며 걸어 가던 뭉툭하고 작은 눈의 청년과 "가장 보잘것없는 사람한테 네가 어떻게 행동하는가가 중요해. 그게 곧 나한테 대하는 거니까"라고 말하던 하나님의 아들이 과연 어떤 차이가 있는가.

"나는 돌아가야 한다. 꼭 돌아가야 한다. 불쌍한 내 형제의 곁으로, 내 마음의 고향으로, 내 이상의 전부인 평화시장의 어린 동심 곁으로. …… 나를 버리고, 나를 죽이고 가마. 조금만 참고 견디어라. 너희들의 곁을 떠나지 않기 위하여 나약한 나를 다 바치마"라며 주먹을 거머쥐었던 이소선의 아들과 자신의 운명을 알고 있었음에도 "제가 마시지 않고는 치워지지 않는 잔이라면 아버지 뜻대로 하시오"라고 결연하게 말하던 마리아의 아들, 이 둘 사이에 어떤 차이가 있다는 말인가.

김진호 목사는 이렇게 말한다.

'사건' 속에서 예수는 부활한다는 것입니다. 곧 사건은 부활 신앙의 자리라는 것입니다. 그래서 예수는 시간의 장벽을 뚫고 공간의 담장을 넘어서 사람들의 가슴속으로 다가

갈 수 있게 되었다는 것입니다. 이 주장은 예수 부활의 자리가 '교회'가 아니라 '사건'이라는 의미를 포함합니다. 부활 신앙의 내용이 교리가 아니라 역사적 체험이라는 것을 의미합니다. 그래서 한반도 남단의 사람들은 오래전에 우리 곁을 떠나버린 예수 그분을 '전태일 분신사건'을 통해서 읽고 느낄 수 있다는 것을 의미합니다.

"이것은 내 살이니 받아먹고 기념하라. 이것은 내 피니 마시고 나를 잊지 말라"라고 한 유대인 청년처럼 2,000여 년 뒤의 한국 청년은 "내 죽음을 헛되이 하지 말라"라고 절규하며 스스로 제단의 제물이 됐다. 로마 제국이 건재하던 시기 변방 속주 청년이 매달렸던 십자가를 기리는 붉은색 네온이 사방에 그득하고, 일요일만 되면 그 이름을 부르고 "나와 같은 죄인 살리기 위해 죽으신" 그 은혜에 감읍하는 목청이 성층권까지 울리는 나라에 살면서, 그와 거의 동일한 삶을 살았던 동양인 예수는 이렇게 외쳤다.

"내 죽음을 헛되이 하지 말라."

## '내 이름은 전태일이다'

그의 목소리는 깊이 잠들어 있던 사람들을 깨웠다. 어려운 한자 때문에 골머리를 싸매며 "대학생 친구 하나라도 있었으면 얼마나 좋았을까"라고 되뇌이던 청년이 몸을 불사른 후, 뒤늦게나마 그의 친구가 되겠다는 대학생들이 줄을 이었다. 전태일이 입술 깨물며 호소하던 하느님을 함께 섬기던 이들은 전태일의 죽음 앞에서 자신들의 무심함과 게으름의 죄를 고백했다. 1970년 11월 22일 새문안교회 청년들은 예배 이후 전태일의 분신을 기리며 '참회와 호소의 금식기도회'를 연다.

"분신을 하지 않으면 안 되는 이 현실을 외면하고, 교회여! 무엇을 하려는가. 회개하라!"

전태일의 죽음은 예수의 부활처럼 사람들을 깨웠다. 한때 외면하고 모른 척하고 혹은 정말 몰랐던 사람들이 불에 덴 듯이 깨어 일어나 '땅끝까지' 내달리기 시작했다. '대망의 70년대'가 열렸던 1970년은 경부고속도로가 완공된 해이며 포항제철 공사가 시작된 해였으며, 새마을운동이라는 이름이 대한민국에 내려앉은 해였다. 그러나 대한민국의 역사에서 이해는 전태일이라는 뭉툭한 이름과 그에 어울리는 인상을 지닌, 그 이웃을 사랑하여 자신의 목숨을 내주는 큰 사랑으로 불타오른 한 노동자의 마지막 해였다. 그러나 그의 슬픈 종말은 창대한 역사의 시작이기도 했다. 문익환 목사의 시 〈전태일〉이다.

한국의 하늘아
네 이름은 무엇이냐

내 이름은 전태일이다

한국의 산악들아 강들아 들판들아 마을들아

한국의 소나무야 자작나무야 칡덩굴아 머루야 다래야

한국의 뻐꾸기야 까마귀야 비둘기야 까치야 참새야

한국의 다람쥐야 토끼야 노루야 호랑이야 곰아

너희의 이름은 무엇이냐

우리의 이름은 전태일이다


백두에서 한라에서 불어오다가

휴전선에서 만나 부둥켜안고 뒹구는

마파람아 높파람아

동해에서 서해에서 마주 불어오다가

태백산 줄기에서 만나 목놓아 우는

하늬바람아 샛바람아

너희의 이름은 무엇이냐

우리의 이름이라고 뭐 다르겠느냐

우리의 이름도 전태일이다

깊은 땅 속에서 슬픔처럼 솟아오르는

물방울들아

너희의 이름은 무엇이냐

우리의 이름이라고 들어야 알겠느냐

한국 땅에서 솟아나는 물방울치고

전태일 아닌 것이 있겠느냐
가을만 되면 말라
아궁이에도 못 들어갈 줄 알면서도

봄만 되면 희망처럼 눈물겨웁게 돋아나는
이 땅의 풀이파리들아
너희의 이름도 전태일이더냐
그야 물으나마나 전태일이다

청계천 피복공장에서 죽음과 맞서 싸우는
미싱사들 시다들의 숨소리들아
너희의 이름이야 물론 전태일일 테지
여부가 있나
우리가 전태일이 아니면
누가 전태일이겠느냐
어찌 우리의 숨결뿐이겠느냐
우리의 맥박도 야위어 병들어가는 살갗도
허파도 염통도 발바닥의 무좀도
햇빛 하나 안 드는 이 방도
천장도 벽도 마루도
삐걱거리는 층계도
똥 오줌이 넘쳐 냄새나는 변소도

미싱도 가위도 자도 바늘도 시도
바늘에 찔려 피나는 손가락도
아 - 깜깜한 절망도
그 절망에서 솟구치는 불길도
그 불길에서 쏟아지는 눈물도
그 눈물의 아우성 소리도
무엇 하나 전태일 아닌 것이 없다
전태일이 아닐 때
우리는 배신이다 죽음이다
우리는 살아도 전태일 죽어도 전태일이다

빛고을에 때아닌 총성이 요란하던 날
학생들 손에서 총을 빼앗아 들고 싸우다가
전사한 양아치들아
너희들도 당당한 전태일이었구나
먹을 것 마실 것 있는 대로 다 내다가
아낌없이 나누어주면서
새신랑 맞는 처녀의 가슴으로
떨리기만 하던 티상(창녀)들아
너희들도 청순하고 자랑스런 전태일이었구나
전태일 아닌 것들아
다들 물러가거라

눈물 아닌 것 아픔 아닌 것 절망 아닌 것
모든 허접쓰레기들아 모든 거짓들아
당장 물러들 가거라
온 강산이 한바탕 큰 울음 터뜨리게

1980년대 대학 문에 들어선 젊은이들에게 머릿속 지축을 흔드는 충격으로 다가선 이름이 몇 있다. 우선 '80년 광주'이 겠다. 또 그에 필적하는 진도震度로 많은 이들의 마음을 흔든 이름이 전태일이었다. 실로 전태일의 죽음은 이후 역사의 물줄기를 바꾸었다. 예수의 십자가 앞에서 비겁했던 제자들이 예수의 부활 이후 목숨을 건 선교에 나섰듯 수많은 이들이 전태일을 닮고자, 그 뜻을 실현하고자, 그 유언을 지키고자 빙벽 같은 세상에 맞섰다. 그들의 열기는 얼음을 녹이고 그들 자신의 인생 행로를 바꾸게 했다.

그들에게 번갯불같이 번쩍였던 충격은 한 권의 책이었다. 그의 죽음을 신문기사를 통해 보고 가슴을 쳤던 한 대학생, 후일 인권변호사가 돼 수많은 전태일을 도왔던 조영래가 수배 중에 써 내린 전태일의 일생이었다. 《전태일평전—어느 청년 노동자의 삶과 죽음》, 이 책을 읽으며 많은 이들이 밤을 지새웠고 눈물을 찍어 냈고 가슴에 이는 천불에 소주를 찾았다. 알고 보면 조영래를 그 아내와 중매(?)한 것도 전태일이었다. 1971년 6월 3일 《동아일보》에 전태일의 죽음을 애통해하는 한 여대생의 투고가 실렸다.

…… 한국 사회에서 양심을 더럽히지 않고 산다는 것은 정말 어렵게 보인다는—이 구슬프고 치사한 사실이 정말이지 진절머리 나도록 싫기 때문에 우리 세대는 '정치적'·'사회적'이 되지 않을 수 없다. 양심의 아픔 없이도 각자가 개인의 행복과 안락을 추구할 수 있는 자유가 너무도 그리워서, 정치 사회에는 소질도 취미도 별로 없는 사람이 정말 '재미있는 일'을 하고 싶어서 우리는 없는 소질을 불러일으켜서라도 이런 사회의 성립을 방해하는 모든 요소들에 대해 관심을 갖고 목청을 높이지 않을 수 없다.

이 투고를 보고 나는 듯이 달려가 문제의 여학생을 찾아 내어 데이트 신청을 했던 이가 조영래였던 것이다. 전태일의 삶은 치열하였으나 미약했지만 그의 죽음은 창대하게 세상을 덮었다. 그 이전의 대한민국과 그 이후의 대한민국은 달랐다. 마치 B.C(Before Chun, 전태일 이전)과 그 이후처럼.

전태일의 이름과 행적이 그토록 사람들을 흔든 이유는 바로 그 이전까지 전태일이라는 이름조차 들어본 적이 없기 때문이기도 했다. 유신 이후 전두환 정권 내내 학교를 차지했던 국정교과서에서는 전태일의 지읒 자도 등장하지 않았던 것이다. 듣도 보도 못한 사람, 근처에도 가 본 적 없는 현대사 속에 이런 사람이 있었다니! 당시의 국정교과서 저자들은 이렇게 생각했을 것이다.

"빛이 있으면 그림자도 있는 거지, 굳이 그림자를 실을 필요가 뭐 있어. 모양 안 나게."

그래서 그들은 전태일의 이름을 뺄 수 있었고 '마치 아무 일도 없었다는 듯' 한강의 기적만을 설파할 수 있었을 것이다. 21세기의 국정교과서는 과연 그로부터 얼마나 떨어질 수 있을까. 다를 수 있을까.

《서울 도시계획 이야기》(손정목, 한울)에서 건설 분야 공무원이었던 손정목은
청계 고가도로 건설의 이유를 "박정희 전 대통령의 워커힐 나들이를 위해
서"였다고 말한다. 설마 그렇기야 하랴 싶으면서도 청와대에서 나와 교통
통제 받으며 청계 고가를 내달리는 검은 색 차량의 대열이 문득 눈가를 찌
른다. 전태일의 동생 전순옥 박사에 따르면 평화시장 4층, 즉 청계 고가에서
바라보이는 곳은 "창문이 모두 막혀 있었다"고 한다. "대통령이 초라한 우
리가 보이면 안 된다고 그랬다"는 것이다. 글쎄 초라한 그들을 보기 싫었던
것일까, 파리한 그들에게 '보이기' 조차 싫었던 것일까.

[2]
1971년 8월 10일,
광주 민중 봉기

# 광주대단지 폭동 사건, 왜?

여기서 광주는 빛고을 광주光州가 아니다. 넓을 '광 자' 광주 廣州다. 즉 전라도 광주가 아니라 경기도 광주를 의미한다. 1971년 8월 10일 경기도 광주 땅에서 그 서슬 퍼랬던 박정희 정권도 일단은 두 손을 들어야 했을 만큼 심각한 민중 봉기가 일어났다. 친숙한 용어로는 "광주대단지 폭동사건"이라 한 다. 이 봉기가 일어난 배경에 대한 설명은 잠시 뒤로 미루고, 봉기 와중에 벌어진 일 하나를 먼저 소개해 보자.

살기등등한 몽둥이와 최루가스가 난무하는 거리. 그 거리 에서 갈팡질팡하던 삼륜차 하나가 뒤집어지고 짐칸에 그득히 실려 있던 참외가 쏟아져 길거리에 나뒹굴었다. 그러자 눈에 핏발이 선 군중들은 일제히 흙탕범벅이 된 참외에 달려들었 다. 참외 한 차 분이 금세 동이 났다. 우걱우걱 어적어적 ……. 어떤 소녀는 "배고파요 배고파요"라고 울부짖으며 몽둥이를 들고 이리 뛰고 저리 뛰었고 참외로도 성이 차지 않을 만큼 몇 끼를 굶은 사람들도 많았다. 이 장면은 윤흥길의 소설 《아 홉 켤레의 구두로 남은 사내》에서 실감나게 재현된다.

왜 그들은 그렇게 배가 고팠을까. 왜 소녀가 몽둥이를 들고 설칠 수밖에 없는 상황에 내몰려야 했을까. 그들은 대개 용두

동, 마장동을 비롯해 청계천변에 판잣집을 짓고 살던 철거민들이었다. 서울시는 1968년 무렵부터 청계천 일대의 판잣집 23만 가구, 약 127만 명을 강제 이주시키는 계획을 세워 실행에 옮겼다. 흙투성이 참외를 씹으며 '배고파 배고파'를 외쳤던, 마치 '좀비' 같은 사람들은 그 무지막지한 '강제 엑소더스 계획'의 산물이었다. 군용트럭에 실려 날라진 그들은 전기, 전화, 통신 시설도 전혀 없고, 서울에 가려면 2시간에 한 번 오는 버스로 2시간이 걸리는 경기도 광주의 허허벌판에 처박혔다.

그래도 희망은 있었다. '딱지'만 있으면 무허가로라도 집을 지을 수 있고 20평 정도의 땅을 얻을 수 있다는 실낱같은 희망이었다. 1971년 건설 경기가 하늘에 닿을 무렵, 광주대단지의 상가 지대는 최고 평당 20만 9천 원(서울시 광주단지 유보지 제5차 매각 낙찰 가격)으로 서울 한복판 땅값과 맞먹는 선이었다. '우리도 한번 잘살아 보세'라는 희망 또한 하늘을 뚫었다. 그러나 세상일이란 언제나 희망을 배신하는 법이다. 그해 국회의원 총선거가 끝나자마자 관청은 연달아 '딱지 전매금지 처분'을 내렸고 3년상환의 약속은 사라지고 '일시불로만 상환하라'는 황당한 결정을 내렸다.

희망은 사라졌다. 삶의 터전을 잃고 옮겨 와서 일자리 잡기도 어려운데 그나마 장밋빛을 흘리던 미래마저 산산조각이 났다. 사람들이 웅성대며 모이기 시작했다. 일단은 배가 고팠다. 배고픈 임산부가 자기 아이를 삶아먹었다는 흉흉한 소문이 돌 정도로 사람들은 굶주리고 있었다. 서울 시장이라도 불러와서 을러대든 읍소를 하든 살 길을 찾아야 했다. 진정이 수없이 이어졌고 서울 시장과의 면담도 약속됐다. 하지만 서울 시장은 나타나지 않았고 결국 분노는 폭발한다. 광주대단지 폭동사건의 시작이었다.

## '폭동' 이후

당시 서울시의 생각은 이랬다.

"대단지에 인구 10만 명 이상을 모아 놓으면 어떻게든 뜯어 먹고 살 것이다."

즉 '삶의 터전이고 뭐고 지저분한 것을 없애면 거기 살던 인간 비슷한 것들은 알아서 살게 마련이다. 주거지만 제공하면 되는 것이지 그 이상을 바라는 것은 게으른 자들의 욕심이고, 이미 딱지를 팔아 버린 것들이나 딱지값을 상환할 능력이 없는 것들이 무작정 배 내밀고 버티는 것은 사유재산을 침해하는 빨갱이들이나 할 짓'이라는 생각이었다. 박정희 대통령이 폭동 이후 '주동자 엄벌'을 각별히 지시했던 것은 그 믿음을 뒷받침한다.

그러나 남녀노소 모두 식칼에 몽둥이를 들고 나선 이 광주대단지 봉기는 박정희 정권을 일시적으로 굴복시킨다. 주민들의 요구를 서울시가 일단 수용하고 나선 것이다. 경찰 트럭과 소방차를 탈취하고 경찰서까지 불을 지르는 등 이미 분노가 하늘을 찌르는 주민들의 기세는 박정희 정권으로서도 어쩔 도리가 없었다. 주민과의 약속을 어기고 면담에 나타나지 않던 서울 시장은 최소한의 구호양곡 확보, 생활보호자금 지급, 도로 포장, 일할 수 있는 공장 건설, 상당 기간 세금 면제 등 모든 요구를 받아들였다. 그 이상은 나아갈 수도 없는 자연발생적인 봉기였지만 그 휘발성은 박정희 정권의 간담을 서늘하게 했다. 물론 앞서 말한 대로 주동자는 엄단됐고 "공산당의 지시를 받아서 그짓을 했다"라는 자백을 얻기 위한 고문의 희생양이 되었다. 그리고 풀려난 뒤로도 당국의 주시와 사찰을 받으며 전전긍긍 살아가야 했다. 앞서 언급한 윤흥

"**1960대** 중반부터 15년 동안 서울의 인구는 489만 3,500여 명이 증가했다. 이는 하루 평균 894명의 인구가 15년 동안 꾸준히 도시로 유입되었음을 보여주는 것이다. 당시의 1960년 통계청 자료를 살펴보면 서울의 주택 7만 5,804동 가운데 16.4퍼센트가 움집이나 판잣집이었을 정도로 주거 문제가 심각했다. 주거 문제 못지않게 실업률도 6.8퍼센트로 늘어났으며 이에 따른 도시의 취업 문제도 갈수록 악화하였다"(최인기, 〈우리 사회의 빈민운동사〉). 서울시는 이 가난의 현장을 없애기로 결심했다. 그러려면 그 안의 사람들부터 옮겨야 했다.

길의 《아홉 켤레의 구두로 남은 사내》에서 이 광주대단지 폭동사건의 주동자(?)였던 '안동 권씨'를 두고 그를 사찰하는 파출소 경관은 이렇게 얘기한다.

"권 씨 자신이 더 큰 문젭니다. 자신이 법에 따라서 내사당하고 있다는 사실을 다른 누구보다도 유별나게 못 견디는 체질입니다. 내 전임 담당자 때는 여러 번 그런 일이 있었어요. 내사당하고 있다는 걸 일단 눈치만 채고 나면 직장도 생활도 심지어는 처자식까지도 다 포기해 버리는 성미죠. 숫제 드러누워서 며칠씩이고 굶고, 밥 대신 허구헌날 깡술만 들이킨다거나 짐승처럼 난폭해져 가지고 발광 그 직전까지 갑니다. 그렇게 착하거나 양순한 사람이 말입니다."

"**이승만** 정권 말기까지 '준폭동' 형태의 저항이 끊이지 않았는데, 5·16쿠데타 이후에는 사실상 맥이 끊기고 청원이나 합법적인 집회·시위 형태가 지배적인 방식이 된다"(신진욱, 《한겨레 21》 875호)는 말처럼 박정희 정권은 국민에 대한 통제력을 과시하고 있었다. 그러니 수십 만 사람들을 트럭으로 실어 날라 아무렇게나 팽개쳐도 어떻게든 살아갈 것이라 믿을 수 있었겠지만. 그러나 광주대단지 봉기는 그 믿음에 일격을 날렸다.

## '태풍을 맞은 목포 앞바다' 같은 도시계획

그로부터 40년이 지났지만 멀쩡히 터전 잡고 살던 사람들을 내몰고 그들 위에 새 집을 짓고 빌딩을 세워 이익을 취하려는 방식은 그리 변하지 않았다. 그 와중에 '그렇게 착하고 양순한 사람들'이 전과 몇 범의 누범자가 되고 요시찰 인물이 되는 사태는 오늘날에도 수시로 벌어진다. 권리금 따위는 당연히 인정되지 않고 인테리어 비용 같은 것은 '너 좋으라고 한 일이니 보상할 필요 없고, 그저 이것 먹고 떨어지라'는 식의 발상도 여전하다. 이만큼 하면 국가의 의무는 다하는 것이지, 네가 무슨 일을 하고 먹고 살든 그것은 내 알 바가 아니라는 오만함도 줄어들지 않았다. "10만 명 풀어 놓으면 알아서 먹고 산다"던 서울시의 입장은 40년의 세월이 지나 불혹이 되어도 철이 드는 기색이 없다.

곱씹는 구절 하나.

도쿄의 도시계획 120년의 역사에는 항상 상식이 통하고 있었다. 권력의 나무도 없었고 정치 자금의 창출도 없었으며 이권의 개입도 없었다. 개인의 재산권이 무참히 짓밟히거나 탈취되는 사건도 없었다. 하물며 도시계획을 통해서 재벌이 탄생되고 육성된 과정도 없었다. 그 쪽의 도시계획을 '바람기가 전혀 없는 날의 남해 바다'로 비유한다면 이쪽의 도시계획은 '태풍을 맞은 목포 앞바다'라고 표현할 수 있을 것 같다(손정목, 《서울 도시계획 이야기》).

광주대단지 폭동사건에 대한 평가는 지금도 분분하다. 정부가 신속하게 사과하고 주민들의 뜻을 받아들였다는 점에서 "무분별한 도시 재개발정책 시행에 맞서 주거와 생활의 공간을 지키기 위해 싸웠던 도시주민들이 '저항의 첫 포문을 연 기념비적 사건"(성공회대 김동춘 교수)이라는 주장이 있는 반면, "광주대단지 사건을 처음 기획하고 주도한 인물은 도시빈민이 아니라, 부동산 전매업자였고, 정부의 혜택 역시 이들 전매업자에게 맞춰져 있을 뿐 도시 빈민에게 돌아가지 않았다."(임미리, 〈1971년 광주대단지 사건의 재해석〉, 2012)는 지적도 존재한다. 그러나 광주대단지 사건이 어떻게 기록되든 기록을 넘어 바라보아야 할 것들은 여전히 많을 것이다. 굶어죽는 시체들이 하루에도 몇 구씩 나왔다는 청계천변의 가난, 그들을 '몽땅' 군용 트럭에 태워 다른 곳에 풀어 놓는 국가, 그리고 "놔 두면 어떻게든 살겠지" 하던 무모한 무책임, 그리고 사람들의 눈을 뒤집게 한 굶주림과 분노. 넘어진 삼륜차에서 쏟아진 참외에 악다구니처럼 달려들던 사람들의 머리, 눈, 발길질, 주먹질 ······.

[3]

# 1971년 8월 23일,
# 실미도의 아침

## 실미도 이야기, 제대로 알고 있을까

약 1천만 명이 1971년 8월 23일의 아침을 보았다. 그날 무슨 일이 있었는지를 그린 듯이 알고 있을 것이며, 그날 죽고 산 사람들이 누구였는지를 어슴푸레 기억할 것이다. 영화 〈실미도〉(2003)를 통해서다. 영화 〈실미도〉는 남한의 불량배, 살인범 등이 대북한 특수부대원으로 차출돼 맹훈련을 받다가 남북대화 본격화 국면을 맞아 부대가 해체 위기에 놓이자 이에 반발하여 경비병들을 살해하고 서울까지 파고들었던 이들의 이야기를 다룬다.

1968년 1월 21일 '청와대 까러' 온 김신조와 그 동료들 31명이라는 숫자에 똑같이 맞추어 1968년 4월, 31명으로 편성된 공군 소속 제2325전대 209파견대(일명 684부대) 요원들은 이날 실미도를 쑥밭으로 만들고 뭍으로 나온다. 영화에서 부대원들에게 '부대 말소' 사실을 흘리고 자결하는 부대장은 실제로는 자신이 훈련시킨 부대원들에게 비참하게 맞아죽는다. 물론 그 사실을 부대원들에게 흘린 것은 영화 속 설정이다. '부대 말소 명령'은 없었다는 것이 정설이다. 하지만 변소에 숨어들어 목숨을 구한 기간병의 이야기는 사실이고(지금도 그때 변소가 실미도에 남아 있다고 한다) 정든 기간병을 죽이지 못해 살려 준 특수부대원의 이야기도 사실이다. 동시에 대부분의 기간병들이 이날 새벽 차마 눈뜨고 볼 수 없을 만큼 처참하게 죽어 간 것 역시 사실이다.

실미도 부대원들이 어떤 훈련을 받았고 왜 그렇게 행동했으며 그 행보가 어떠했고 어디에서 죽었는지는 영화를 통해 아주 잘 알려져 있다. 지금도 그들이 자폭으로 불행한 질주를 끝낸 지점인 서울 대방동 유한양행 건물 근처에 가면 영화의 한 장면을 떠올리면서 '여기까지 실미도 부대가 왔었구나' 하는 생각을 하는 이들이 있을 것이다. 1천만 명이 그 영화를 보았고 추석이나 설날 같은 명절이면 되풀이해 방영하는 영화이니 아는 사람보다 모르는 사람이 적을 것이다. 그런데 우리는 정말 제대로 알고 있을까.

## 실미도 부대원들이 정말 죄수들이었을까

영화 속 주인공 강인찬은 월북한 아버지 때문에 연좌제로 고생하며 바닥을 기다가 결국 깡패가 되었고 사람을 죽인다. 그는 사형수가 되지만 '국가'에서 나온 이들이 그를 찾아와 '값없이 죽을래, 국가를 위해 봉사할래'라며 선택을 강요한다. 영화 속에서 실미도 부대원들은 다 고만고만한 사람들로 채워진 것으로 나온다. 이른바 사회의 쓰레기들, 양아치들, 사형수들, 기타 죄수들이었다. 하지만 1968년 '청와대를 까러' 왔던 북한의 124군부대를 되짚어 보자. 그들 31명은 어중이떠중이를 훈련시킨 것이 아니라 전원 인민군 장교들이었다. 사실 이런 종류의 막중한 임무에 사형수와 같은 죄수들만으로 구성된 부대를 만들어 투입한다는 것은 상식에 어긋난다. 아니 할 말로 여기서 바닥 이하였던 사람들이 무슨 사명감이 불타올라서 '김일성의 목을 딴단' 말인가. 관련자들의 증언을 들어봐도 실미도 부대원들 중 전과자는 있었지만 그들 31명(7명은 훈련 중 사망)이 전원 죄수들이었다는 것은 사실이 아니다.

문제는 거기서부터 발생한다. 모두 죄수들이었다고 해도 분명히 문제가 있지만, 그들 일부 또는 대다수가 죄수가 아니었다면 대체 어떤 식으로 실미도 부대원이 됐고, 그들은 누구였는가는 전혀 다른 문제로 전환되는 것이다. 대방동 유한양행 건물 앞에서 자폭하기 전 한 대원은 기자에게 "충북 옥천 사람 박기수"라며 출신과 이름을 밝힌다. 이는 그 당시 신문에 실리기도 했고, 실제로 충북 옥천에는 박기수라는 사람이 살았던 것으로 밝혀졌다. 그의 가족들이 서울로 올라와 이를 보도한 기자를 찾았을 때는 이미 기자는 '아무 말도 할 수 없다'는 입장이었고 그 후 흐지부지된다.

그런데 충북 옥천에서 사라진 것은 박기수뿐만이 아니었다. 또래 친구들끼리 어울려 다니던 7명이 동시에 사라진 것이다. 군대를 필한 이도 있었고 그렇지 않은 이도 있었다. 그들은 "조금만 고생하면 평생을 먹고 산다"는 말을 들었다고 하는데, 분명한 것은 그 7명 가운데 범죄자는 한 명도 없었다는 사실이다(《실미도 부대 '옥천 사람'》, 《미디어스》 2011. 2. 7). 당시 공군 법무관이자 검찰부장으로 이 사건을 수사했던 김중권 전 민주당 대표최고위원도 "대전역 근처에서 모집한 건달들"이라고 했다.

## 국가의 명령

서울 대방동 유한양행 건물 앞에서 총격전과 수류탄 폭발이 일어난 상황에서도 4명은 살아남았다. 그들은 군인 신분이

**1967년** 북한의 대남사업 책임자가 이효순에서 허봉학으로 교체된 후 북한은 무력 도발을 확대했다. 그해 8월 12일 124군부대를 창설한 것은 그 대표적이었다. 무시로 무장 유격대를 침투시키던 북한은 1968년 1월 21일 김신조 등 31명의 특공대를 남파해 청와대를 노린다. 이들의 침투 속도와 훈련 강도, 전투 능력은 남한 당국에 충격을 던졌고 이에 맞대응하기 위한 부대 창설을 서두르게 된다. 각 군마다 특수부대가 생겨났는데 해군은 장봉도 부대, 육군은 선갑도 부대, 그리고 공군의 특수 부대가 바로 실미도 684부대였다.

아니었음에도 군법에 의해 군사재판을 받았고 2심에서 사형 선고를 받은 후 대법원 상고를 포기한다. 도대체 무슨 일이 있었던 것일까. 김중권 전 의원은 그들이 상고해 봤자 살 수 없을 것이라고 생각해 상고를 포기했다고 증언했다.

"사형 집행 당시 한 명은 '김일성 모가지에 총구멍을 내지 못하고 가는 게 한스럽습니다' 라고 하더군요. 그들은 무고한 사람을 죽였다는 사실을 인정했고, 최후진술에서도 그렇게 진술했습니다. 살려 달라고 애걸하지도 않았으며, 예상보다 의연했습니다."

그들 손에 수십 명의 인명이 사라진 이상 살지 못할 죄를

**실미도** 684부대의 훈련은 혹독했다. 무조건 "124군보다 더 강하고 빠르게" 만드는 것이 훈련의 목표였다. 당시 소대장이었던 김방일 씨에 따르면 3개월 내에 완벽한 특공대로 다듬어졌고 사기도 충천했다고 한다. 1968년 하반기 북파 명령이 떨어지지만 이내 취소됐고 이후 3년간 부대는 방치되다시피 한다. 북한에 보복 공격을 가하지 못한 이유 중의 하나는 베트남전쟁으로 골머리를 앓던 미국이 또 하나의 전선 형성을 극력 막았기 때문이라는 추측도 있다. 북한 역시 대남 공작 차원과 함께 공산 베트남 지원을 목적으로 무력 도발을 행했다는 설도 존재한다. 실미도 생존자들의 마지막 소원도 "베트남으로 보내 달라"는 것이었다고 한다.

지은 것은 분명한 사실이다. 하지만 그들로 하여금 죄를 짓게 한 것은 결국 국가였다. 그들은 왜 '특수범'으로 낙인찍혀야 했으며, 옥천 사람 7명을 제외한 이들은 다 어디에서 끌려온 누구이며, 그들은 왜 청와대로 가려고 했을까. 평양 침투 훈련을 받은 이들이 산개하여 숨어들었다면 오히려 다른 수도 있었을 텐데, 그들은 왜 한데 어울려 버스를 타고 서울로 서울로 달려왔던 것일까. 난동이 시작되기 이전 그들과 그들의 가족에게는 어떤 보상이 있었을까. 국가는 과연 약속을 지켰을까. 하다못해 실미도의 악몽에서 살아남은 사람들도 그 악몽에서 벗어나지 못한 채 일생을 괴로움 속에 살았는데 국가는 그들에게 넉넉했을까. 죽음 앞에서도 김일성 모자지를 따지 못해 한스럽다던 사형수 앞에서 '반공제일주의 국가'는 부끄럼이 없었을까.

정부는 처음부터 끝까지 은폐로 일관했다. 서울 대방동에서 자폭할 때까지 그들은 철저히 '공비'로 알려져 있었고 장성 출신의 야당 국회의원의 폭로가 아니었다면 그냥 흔하디 흔했던, 북한이 도발한 사건의 하나로 남아 있을지도 모른다. 생존자들 역시 신속하게 세상에서 '제거'됐고 그들의 이름조차 수십 년 세월의 흙더미에 묻혔다. 실미도 부대원들의 유해는 경기도 벽제의 11보급대대에 안치돼 있었다. 이 보급대대에는 서부전선에서 전사하거나 사고로 죽은 이들 가운데 가족들이 찾아 가지 않는 불우한 젊은이들의 유해가 보관되고 있었는데 그중 실미도 부대원들의 유해 일부가 확인됐다. 그나마 신원이 확인된 '옥천 사람들'이었다.

이 질문 앞에서 영화 〈실미도〉의 중앙정보부 고위간부는 영화 속 대사를 다시 한 번 읊으며 어깨에 힘을 줄지도 모르겠다.

"권력을 가진 자가 의지를 갖고 결정을 하고 명령을 내린다. 그것이 국가의 명령이다."

그런 '국가'가 우리들의 '나라'일 때가 있었다.

서로의 수뇌부의 심장을 겨누고 그 거처를 폭파하겠노라고 남북 모두가 으르렁대던 질풍노도의 시대가 '잊었다'고 추억에 잠길 수 있을 줄 알았다. 그러나 유감스럽게도 "나 다시 왔다고 전해라"는 듯 질풍노도가 사납게 부는 요즘이다.

[4]
1971년 10월 2일,
'항명파동'과 4인방

## 해임안을 부결시켜라

대한민국 현대사의 어느 해가 조용했을까마는 1971년도 예외는 아니었다. 실미도 특수대원들이 청와대 앞으로 돌진했던 것도 71년이었고 오늘날의 성남시에서 절망적인 상황에서 터져 나온 '광주대단지 폭동사건'도 71년이었다. 또 판사들이 외압에 저항한 초유의 '사법파동'도 그해에 일어났다. 이외에도 여러 사건들로 나라가 요동치는 가운데 야당은 박정희 정권의 심장에 예리한 창날을 들이민다. 행정부에 책임을 묻는 펀치를 날린 뒤 "유례없는 경제위기가 봉착했음에도 당국은 계획성 없는 안일정책에 급급하고 국민에게 협조를 요청하는 등 무책임한 처사를 하고 있는" 김학렬 경제기획원 장관과 "법부의 존엄성과 공정성마저 저버리게 했고, 밖으로는 민주 국위마저 추락케 하여 삼권분립의 민주 우정에 일대 오점을 남겼을 뿐 아니라 사법사상 최대 위기를 가져온" 법무부 장관 신직수, 광주대단지 폭동사건, 실미도사건 등 대형 참사들이 잇달아 벌어진 책임을 물어 내무부 장관 오치성의 해임안을 들이민 것이다.

박정희 대통령은 당연히 공화당에 이를 부결시키라고 '지시'했다. 협의가 아닌 지시였다. 그때는 그게 당연한 시절이었

한국사를 지켜라 ❷
대한민국이 유신공화국이었을 때

다. 법무무 장관(김학렬)과 경제기획원 장관(신직수)에 대해서는 공화당 의원들도 대충 이견이 없었지만 내무부 장관 오치성만큼은 사정이 달랐다. 김종필과 함께 육사 8기 출신으로 5·16쿠데타의 주역이었던 그는 당시 공화당의 실세라 할 4인방인 백남억, 김성곤, 길재호, 김진만 등과 갈등 관계에 있었다. 그는 취임 후 4인방이 장악하고 있던 내무 관료들, 즉 경찰서장들과 일선 군수들을 모두 물갈이해 4인방의 경계를 샀던 것이다. 오치성의 행동은 물론 '각하'의 뜻이었을 것이다.

## "반쯤 죽여 버린 뒤 공화당에서 내쫓아라"

해임안 개표 결과 입이 딱 벌어지는 상황이 발생했다. 오치성 장관 해임결의안이 통과된 것이다. '각하의 하명'을 어긴 반란표가 무려 20표를 넘는 것으로 추정됐다. 야당 쪽에도 해임 반대에 표를 던진 이가 있었을 터여서 반란표는 정확히 셈하기조차 어려웠다. 이에 박정희는 격노했다. 자신의 3선개헌을 위해 전면에 내세웠던 4인 체제는 그 진노의 직격탄을 맞았다. 원래 키워 주다 짓밟고 나무에 올려 놓고는 도끼로 찍어 버리는 용인술은 박정희의 전매특허였음에도 4인방은 '설마 우리 같은 공로자를 어떻게 하랴'라고 생각하며 배를 내밀었던 것이다. 이들 4인방은 "우리 빼고 누구랑 정치할 거야?"라는 말을 자주 했다고 하니 '각하께서 보시기에' '간이 배 밖으로 나온 듯'했을 것이다. 그리고 그 배는 처참하게 찢어지고 만다.

대통령은 중앙정보부에 명을 내려 현역 국회의원 23명을 남산으로 끌고 가서 혹독하게 심문한다. '입법부의 독립'은커녕 국회의원의 면책특권도 아무런 소용이 없었다. "반쯤 죽여버린 뒤 공화당에서 내쫓으라"고 '하교' 하시었다는 전설이 있는데, 끌려갔던 공화당 의원들이 당한 풍경을 보면 그 전설은 아무래도 사실인 듯하다. 일찍이 남조선노동당 재정위원을 지냈으나 '각하'처럼 전향하여 당시에는 공화당 재정위원장을 맡고 있던 김성곤은 멋들어진 수염을 기르고 있었는데 그 수염을 뽑히는 곤욕을 치른다. 육사 8기생 동기로 5·16쿠데타 당시 김종필과 같이 활약했던 길재호는 하도 두들겨 맞아 지팡이를 짚는 신세가 됐다.

어느 아프리카 원시부족의 이야기가 아니라 민주공화국을 자임하던 나라에서 벌어진 일이다. 나라를 쥐락펴락한다고 자부하던 4인 체제는 공화국 헌법과 법률 따위는 아예 사천왕이 마구나 생령좌를 짓밟듯 짓밟고 섰던 대통령에 의해 박살이 났고, 한 명 한 명이 헌법기관이라는 국회의원들은 남산으로 끌려가 생똥을 쌀 만큼 두들겨 맞아 몸이 망가지고 수염이 뽑혔다. 국회의원들이 그렇게 당하던 시대, 과연 장삼이사 남녀노소는 어떤 취급을 받았을까. 어떤 이는 이런 시대를 두고 "그 시절 나나 내 친구들은 불편한 것이 하나도 없었다!"

라며 기염을 토하기도 한다. 과연 그는 박정희에게 소중한 국민이었을까. 건드릴 가치도 없는 조약돌이었을까.

"어떻게 이럴 수가 ……"

더 무서운 얘기는 박정희 대통령이 '진노'한 것이 아니라 오히려 쾌재를 불렀다는 설이다. 즉 대통령과 중앙정보부장 이후락은 4인방의 움직임을 잘 알고 있었고 그를 막기보다는 내버려둔 후 일이 터진 뒤에 그를 빌미로 마음껏 때려잡았다는 것이다. 조카사위이자 5·16쿠데타의 주역이었던 김종필

**김종필** 전 총리는 《중앙일보》에 연재되고 있는 회고록 '소이부답'에서 김성곤이 이렇게 속내를 털어놓은 적이 있다고 증언한다. "나는 (김성곤은) 대통령은 생각해 본 일 없습니다. 내각책임제에서 총리를 한번 지내보는 게 내 소원이었습니다. 여야 의원들 다수가 내 세력 하에 있으니 할 수 있겠다고 생각했습니다. 그런데 다 지난얘기입니다. 헛된 꿈을 가지고 있었음을 알았습니다." '여야 의원들 다수를 세력 하에 거느린' 사람을 정보기관이 잡아가 수염을 뽑을 수 있던 나라, 그것이 대한민국이었다. 이어지는 김성곤의 고백. "대통령이 얼마나 무서운 권력을 갖고 있는지 그때야 알았습니다."

을 평생 견제한 데에서 알 수 있듯, 박정희 대통령은 자신의 권력에 필적하는 대상에 대해 강박에 가까울 정도로 제거하려 들었다. '총애'를 받던 인물들이 '총상'을 입고 나가떨어진 일은 그의 치세 18년 동안 그리 귀하지 않다. 4인 체제 또한 그랬다. 이 4인 체제는 원래 김종필에 대한 견제라인으로 박정희 대통령이 직접 육성했으나 그들의 배가 커지고 목청이 높아지면서 그만 '역린'을 건드리고 말았던 것이다. 김성곤도 10년 전 북한에서 밀사 자격으로 옛 제자를 찾아 내려왔다가 간첩으로 처형된 황태성처럼 이런 소리를 내질렀을지도 모른다.

**항명파동은** 2인자를 용납하지 않았던 권력자 박정희 대통령 특유의 용인술이 빚은 해프닝이었다. 5·16쿠데타 이후 2인자로 지칭돼 온 김종필을 견제하기 위해 가동한 4인방이 자신이 정한 구도 밖을 벗어나자 박정희 대통령은 그야말로 '권력의 쓴맛'을 톡톡히 보여주었다. 국회의원만 23명이 중앙정보부로 끌려갔는데 그 가운데에는 부인 육영수 여사의 오빠, 즉 손위 처남 육인수 의원도 끼어 있었다. 권력 앞에서야 부모 자식도 없는 판에 처남이 무슨 대수요 마는 중앙정보부에 끌려가던 육인수 의원이 '매제!'를 부르짖었을지 '각하!'를 외쳤을지는 아무도 모를 일이다.

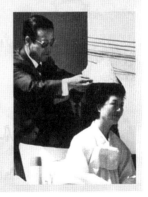

"어떻게 정희가 나에게 이럴 수가!"

평생을 존경한 선생님이 북의 특사로 왔건만 목을 매달아 버린 사람이 박정희 대통령이었다. 그에게 남로당 동지였다는 위험한 인연(?)이나 집권 이후 박정희를 물심양면으로 도왔고 함께 골프채를 휘두르며 우의를 쌓았다는 정도가 무슨 거리낌이 되었겠는가. 그래도 김성곤은 떨어져 나간 콧수염을 매만지며 울먹였을 것이다.

"어떻게 이럴 수가 ……."

원래 '초인'은 '범인'의 상식을 뛰어넘는 법이다. 좋은 쪽으로든 나쁜 쪽으로든. 이후 김성곤은 정계에서 은퇴했다.

고은의 〈만인보〉 중 김성곤 부분이다.


눈 서글서글

코 아래 수염 서글서글

마음속 휑뎅그렁하다

아이들이 돈 10원 달라 하면 듬뿍 2백 원 준다


해방 직후

대구의 어느 해 10월

박상희 황태성과 함께

그 가을의 항쟁을 주도한 재정부장이었다

그 뒤 사변 지나
두 마리 용으로 이름 지어
쌍용시멘트
쌍용증권
그리고 동양통신


그 두꺼운 손바닥
그 깊숙한 주머니 항상 두둑했다
궂은 날 질퍽질퍽한 인심


70년대 초
정계에 발 들여놓아
여당 공화당을 손아귀에 쥐었는데
항명파동으로
그 수염 몽땅 뽑혔다 온몸 짓이겨졌다
남산 지하실에서
'이 새/끼 이 빨/갱이 새/끼 제 버릇 못 버리고!'


그곳에서 나와
정치도
사업도
그리고 삶도 허허벌판

떠도는 구름이 차라리 옳았다

그렇게 구름이 되어 불현듯 떠나갔다

김성곤은 기업 경영이라는 본연의 위치로 돌아갔다. 그러나 그의 콧수염을 잡아뜯은 박정희 대통령은 돌아갈 곳도, 물러설 여지도 없었다. 그는 내처 가지 말아야 할 길을 재촉하게 된다.

한국사를
지켜라
1

독립운동가로
산다는 것

— 김형민 지음

푸른역사

[5]
1972년 10월 17일,
유신 선포와 이세규 장군

## '비상사태' 선포, '10월유신'의 예고편

1971년 4월 27일, 제7대 대통령 선거가 끝났다. 이 선거에서 민주공화당의 박정희 후보는 634만 2,828표를 획득, 신민당의 김대중 후보가 얻은 539만 5,900표보다 94만 6,928표를 앞섰다. 박정희는 승리를 거두긴 했으나 결코 그 승리에 환호할 수 없었다. 야당의 젊은 도전자 김대중에 맞서서 별의별 짓을 다해야 했던 것이다. 온갖 관권을 다 동원한 것은 별반 새로울 것도 없었으나 김대중의 일급 참모였던 엄창록을 매수하고 '신라·백제' 지역감정까지 동원하고, 3선개헌의 장본인인 국회의장 이효상이 "정권이 호남으로 넘어가는 걸 보고 있을 끼가?"라고 소리치게 만든 것도 모자라 "이것이 제가 여러분께 저를 찍어 달라고 하는 마지막 선거"라며 직접 읍소하기까지 했으니, 이 반인반신半人半神의 자존심이 적잖이 상했을 것이다.

　그는 임기를 시작한 지 6개월 만에 심상찮은 움직임을 보인다. 1971년 10월 15일 서울 일원에 위수령을 내리고 캠퍼스에 군 병력을 투입한 것이다. "북괴의 군사적 움직임과 대남공작의 새로운 양상에 비추어 시기적으로 이번 시험기를 이용한 일부 불순학생의 '데모' 선동이 국가 안위에 미치는 영향"이 위수령의 이유였다. '급변하는 국제 정세' 또한 핑곗거리였다. 1971년 10월 25일 제26차 UN총회에서 죽의 장막 속에 잠자던 '중공'이 알바니아의 제안으로 표결 끝에 UN에 가입했다. 중국의 유엔 가입과 동시에 '자유중국(대만)'이 국제 무대에서 축출되는 상황이 바로 '급변하는 국제 정세'였다. 후일 미국 41대 대통령이 되는 당시 주유엔 미국 대사 조지 부시는 "대만의 축출은 결의안에서 빼자"고 호소했으나 무위에 그쳤고 청천백일기, 즉 중화민국 국기는 그날로 끌어내려졌다. 그리고 한국전쟁에서 한국과 미군을 괴롭혔던 군대가 휘두르던 오성홍기가 유엔 빌딩 앞에 높이 솟았다.

그로부터 한 달여 후인 1971년 12월 6일 박정희 대통령은 돌연 '비상사태'를 선언한다. 정부 시책은 국가 안보를 최우선으로 하며 취약점이 될 일체의 사회 불안을 용납하지 않으며, 모든 국민은 안보상 책무 시행에 자진 성실해야 하며, 안보 위주의 가치관을 확립하는 가운데 "최악의 경우 우리가 향유하고 있는 자유의 일부도 유보할 결의를 가져야 한다"로 그 말미를 장식하는 비상사태 선언이었다. 그리고 이는 10개월여 뒤인 1972년 10월 17일, '10월유신' 선포의 불길한 예고편이었다.

## '아무도 반대하지 않은' 유신

〈조갑제닷컴〉에 기록된 1972년 10월 17일 당일의 박진환 경제담당 특별보좌관의 기억을 보면 역사라는 것이 얼마나 어이없고 황망하게 사람들 앞에 그 잔인한 칼날을 들이미는지를 짐작할 수 있다.

아침에 우리 특보들은 부름을 받고 대통령의 집무실 안쪽에 있는 방에 모였습니다. 분위기가 팽팽하고 싸늘하더군요. 박 대통령은 그때 양복을 입고 있지 않았습니다. 어떤 옷을 입었는지 정확한 기억은 없지만 상황실에 좌정한 야전지휘관 같은 옷차림이었습니다. 커피가 나오고 이어서 소책자 한 권씩을 돌립니다. 표지를 넘기니까 '국회 해산' '비상계엄령 선포'란 글이 눈에 홱 들어오지 않겠습니까. 저는 뒤통수를 한 방 맞은 것처럼 머리가 핑그르하는 기분이었습니다.

그런데 박진환의 기록에 따르면 그 자리에서 한 명도 반대하지 않았다고 한다. 박정희 자신도 "그 자리에서 누가 반대할 줄 알았는데 아무도 하지 않더군"이라고 회고했다고 전한다.

보좌관들이야 몰랐겠으나 이미 권력 내부에서는 대통령 선거가 끝나자마자 박정희의 장기 집권을 도모하는 계획이 진행 중이었고 유신이라는 괴물의 골격과 피부는 튼튼하게 쌓이고 촘촘하게 다듬어지고 있었다. 보좌관들에게 커피와 함께 유신 관련 소책자가 들이밀어지기 24시간 전에 이미 한국의 국무총리 김종필은 하비브 주한 미국대사에게 유신을 통보하고 있었다.

"10월 16일 18:00시에 김 총리 사무실을 방문했음. 놀랄 만한 소식이 있어 만나자고 했다면서, 계엄령 선포를 통보했음. 김 총리는 조치가 취해지기 전에 미국측에 통보하는 것이 예의라고 믿어 24시간 전에 통보하는 것이라고 말했음." 그리고 그 앞의 보고서에서 하비브는 유신 선포 일정과 향후 정치 일정, 심지어 대통령 선거인단에 의한 대통령 선출까지 보고하고 있다(《동아일보》 2013. 6. 11).

미국이 유신의 배후라는 식의 주장은 억측이겠으나 미국도 박정희의 전횡을 막을 생각은 별로 없었던 것으로 보인다. 미국은 유신 선포의 배경에서 "'미국과 중공의 접근', '월남 평화협상' 등 급변하는 주변 정세에 대응하기 위한 조처"라는 내용을 빼 달라고 주문했을 뿐이었다. 일본도 마찬가지였다. "우리가 중공과 국교를 정상화하는 것을 유신의 배경으로 하는 문구를 빼 주시기 바란다"고 요청했을 뿐이다. 박정희는 보좌관들이 모인 자리에서 "내가 미국놈들이 안 그러면 뭐가 아쉬워서!"라며 유신 선포를 은근히 미국의 정책 때문이라고 몰아가려 했지만 하지만, 결국 유신은 '국제 정세'가 아니라 '국내 정세'의 결과임을 입증할 뿐이었다.

## '나의' 중대한 결심

국회는 한창 국정감사 중이었다. 국회의원들은 국정감사를 벼르는 중에, 자료 준비 중에, 또는 호통과 질책을 한바탕 내지르고 목을 가다듬던 상황에서 벼락 같은 유신 선포를 접한다. 유신을 선포하는 박정희 대통령의 음성은 음울하고도 카랑카랑했다.

우리 조국의 평화와 통일, 그리고 번영을 희구하는 국민 모두의 절실한 염원을 받들어 우리 민족사의 진운을 영예롭게 개척해 나가기 위한 나의 중대한 결심을 국민 여러분 앞에 밝히는 바입니다. …… 오늘의 이 역사적 과업을 강력히 뒷받침해 주는 일대 민족주체 세력의 형성을 촉성하는 대전기를 마련하기 위해 다음과 같이 약 2개월간 헌법 일부 조항의 효력을 중지시키는 비상조치를 국민 앞에 선포하는 바입니다. ……

'저의'도 아니고 '나의' 중대한 결심이었다.

중앙청 앞에는 탱크와 장갑차가 진주했다. 수도방위사령부 마크가 선명한 장갑차가 광화문을 뒤로하고 포신을 세종로로 향하고 있었다. 즉 나라의 군대가 국민을 향해 공격 태세를 갖춘 것이다. 아울러 정권의 마수가 긁어 들인 것은 평소에 밉보였던 언론인과 재야인사, 그리고 야당 정치인들이었다. 그 가운데 한 사람이 이세규 의원이었다.

## '콩나물 대령' 이세규, 표적이 되다

그는 예비역 준장으로 한국전쟁 당시 육사 7기 출신의 초급 장교로서 용감하게 싸운 이였으며 부패와 횡령이 일상화됐던

유신이 선포되던 날 밤 광화문 앞에 버티고 시내를 향해 포신을 돌린 수방사 전차. 느닷없이 등장한 탱크를 지나며 눈길을 던지는 넥타이 차림의 표정은 보이지 않아도 보인다. 툭 하면 위수령과 계엄령을 발동했던 박정희 정권 치세에 새삼스러운 풍경은 아니었으나 이번에는 뭔가 분위기가 이상하다는 예감으로 이맛살을 좁혔으리라.

당시의 군대에서 거의 독야백백한 군인으로 유명했다. 그의 별명 중 하나는 콩나물 대령이었다. 대령 시절 자신의 월급을 나눠 불우이웃들에게 전달하는 바람에 살림이 반 토막이 나서 손님이 왔을 때 콩나물국 한 그릇만 내놓는다 해서 '콩나물 대령'이라 불렸던 것이다.

그뿐이 아니었다.

"사단장 시절 임지로 면회를 간 부인과 자녀들은 '민간인이 군의 식량을 축낼 수 없다'는 이씨의 고집(?) 때문에 서울에서 쌀과 부식을 가져 가야 했으며 군용차량에 발도 못 올리게 해 관사로부터 버스터미널까지 수㎞ 길을 걸어 다녀야만 했다(《중앙일보》 1993. 7. 26)."

그는 밤하늘의 별처럼 많았던 장성들 가운데 거의 유일하게 집 한 채 없는 장성이었다. 이세규는 3선개헌에 완곡한 반대 의사 표명을 한 것이 빌미가 돼 군복을 벗은 뒤 8대 국회의원 선거에서 신민당 후보로 당선되어 정치에 입문했다. 야당 입장으로서는 더할 나위 없이 소중한 국방 전문가 자원이었다. 영화 〈실미도〉의 실제 주인공들이 실미도를 탈출하여 서울 시내에서 자폭한 사건에서 정부의 초기 입장은 일관되게 '무장공비'였다. 이 거짓말을 폭로한 게 바로 이세규 의원이었던 것이다.

## "너희 놈들은 사람도 아니다"

유신이 선포되자마자 다른 국회의원들과 더불어 이세규 의원은 일착으로 군 정보기관에 끌려간다. 그리고 대통형 휘하의 군인 출신 정보요원들로부터 견딜 수 없는 고문을 당한다. 왕년의 남로당 군사 총책의 히스테리는 대단했다. 이세규가 군 내에서 반정부 인맥을 꾸려 자신의 발밑을 파고 있을지도 모른다는 공포 때문이었을까. 대통령의 하수인들은 이세규에게 인정사정없는 고문을 가하면서 유신 지지 서명을 강요하는 한편 이세규의 '인맥'과 군내 동조자 명단을 집요하게 물었다.

대개 인간은 자신이 상상하는 이상으로 비굴해지고 자신도 놀랄 만큼 잔인해지며 자신도 모르는 사이에 멍청한 행동을 할 때가 있다. "이세규를 잡아들이라"고 명령한 박정희 대통령은 잔인했고, 그 명령에 따라 "명령이니 어떡해?"라면서 이세규를 잡아매고 몽둥이질하고 고춧가루 푼 물을 콧구멍에 들이부은 군 정보기관의 요원들은 비굴했으며, 자신의 나라가 무슨 상황에 빠지는 줄도 모르고 또는 모른 체하면서 술이나 마시던 이들은 멍청했다. 그러나 때로 그 인간 가운데 인간은 그렇게 하찮고 찌질한 존재가 아님을 외치는 인간이 꼭 나와서 인간들은 다시금 스스로를 돌아보고 깨우치고 발길을 다잡게 된다. 이세규는 그런 사람이었다.

고문을 당하던 중 이세규는 자살을 결심하고 혀를 깨문다. 그러나 고문의 고통 중에 혀를 정확히 깨물지 못하고 대신 앙다문 서슬에 의치가 부러져 나간다. 우두둑 소리와 함께 피가 쏟아지자 고문하던 이들도 당황했다.

"왜 ……. 왜 이러십니까."

왕년의 용감한 소대장, 불우이웃들에게 자기 월급 반을 쪼개 주던 콩나물 대령, 부인에게 "당신 음식은 당신이 싸 가지고 오시오! 민간인이 어딜 군 밥을 먹어!"라며 호령하던 융통성이라고는 없는 군인. 한때는 박정희가 아끼는 제자이자 후배였던 이세규는 입에 피를 가득 문 채 이렇게 절규한다.

"적군의 포로로 잡혀도 장성에게는 이렇게 하지는 않는다. 나는 이제 장군으로서 최후의 것을 다 잃었다. 더 이상 살아 봤자 ……. 너희 놈들은 사람도 아니다(《프레시안》 2002. 10. 16)"

## 사람도 아닌 자들이 사람에게 일으킨 쿠데타

1972년 10월 17일은 사람도 아닌 자들이 사람들에게 일으킨 쿠데타였다. 최소한 자신들이 옳다고 믿는 일을 위해 짐승이 되기를 자임했던 자들이 가한 폭거였다. 그 와중에 사람다운 사람들은 혀를 깨물며 피를 흘렸고 몽둥이찜질 속에 비명을 질렀다. 이세규 장군은 그 후 1년 동안 일곱 차례 끌려가서 고문을 받았다. 그는 그 후 지팡이를 짚어야 할 정도로 몸이 망가졌고 박정희가 죽은 뒤에도 일체의 공직을 마다한 채 칩거하다가 1993년 사망했다. 그의 사망을 보도한 《중앙일보》 기사에는 이런 대목이 나온다.

"고문 도중 한때 혀를 깨물고 자결을 시도할 때 부러진 의치를 이씨의 부인 권혁모 씨(60)는 아직도 간직하고 있다."

권혁모 여사 역시 돌아가 남편 곁에 묻힌 지금 그 의치의 행방이 궁금하다. 온나라에 어둠이 참혹하게 내려앉던 시절 그 어둠의 무게를 버티고자, 그에 지지 않고자 이를 악물었던 한 사람의 소중한 증거이자 유신이라는 암흑 속에서 스스로 빛을 낸 보석 알갱이이기 때문이다.

다른 건 모르겠지만 유신 체제만큼은 "경제 기적을 이루는 와중에 불가피하게 겪어야 했던 권위주의 체제" 따위로 표현될 수 없는, 사상 최악의 등급에 속하는 독재 체제였다. 옛 부하들에게 몽둥이찜질을 당하면서 이세규가 "너희는 사람도 아니야"라고 부르짖었던 순간 유신 체제는 대한민국에게 "너는 더 이상 공화국이 아니야"라고 싸늘하게 내뱉고 있었다고 봐야겠다. 유신은 그렇게 도둑같이 우리 곁으로 왔다.

이세규 장군

"그의 가족들은 서울에서 처가 집을 빌려 지냈다. 부인이 다녀갈 때 군수참
모가 차비를 좀 보탰다가 어디가 누린지 조사하래서 감찰 검열을 받았다. 그
런 사단장은 어디가 구린지(?) 연말에 은행 대출을 받아 사령부 장교들에게
정종 한 병씩 돌렸다. 그는 수시로 본부중대 식당에 들려 하수구까지 챙겼다.

달이 밝은 밤, 이상한 소리에 내다보니 당번병이 종아리를 맞고 있었다.

다음날 알아보니 모처럼 저녁밥을 다 비운 사단장이 "오늘은 못 보던 나
물이 있구나." 신바람이 난 당번은 "쌀이 조금 남아서 시장에서 나물과 바
꾸었습니다."

한밤중에 불려나가 "이놈아 나라 쌀을 내다 팔아?" 피멍이 들도록 맞았
다는 것이다.

그분은 동기 중에서 제일 먼저 별을 달았다. 그러나 3선 반대로 육본 인
사차장으로 좌천됐다. 육본으로 출장갔다가 인사드렸다.

"사단장님은 저의 국민학교 선배십니다."

"그래? 왜 모른 척 했나?"

"혼날 것 같아서 포기했습니다."

그분은 껄껄껄 큰바위처럼 웃었다. 공허했다. 이것이 그분과의 처음 대
화이며 마지막 만남이다. 그는 전역하고 김대중 씨의 추천으로 비례대표 국
회의원이 되었다. 유신으로 《동아일보》는 광고 탄압을 받았다. 나는 거기
한 광고문을 읽고 경악했다.

"적군에게도 이처럼 구타당하지는 않았을 겁니다. 부하들에게 맞아 육체
적 상처보다 정신적 고통을 받고 있습니다. ─이세규"《코리아데일리 샌프
란시스코*Korea Daily Sanfransisco*》2007. 11. 29  이재상 논설위원 〈이세규 사단
장〉 기사 중).

유능하고 청렴했던 군인은 그렇게 몸도 마음도 망가져 갔다.

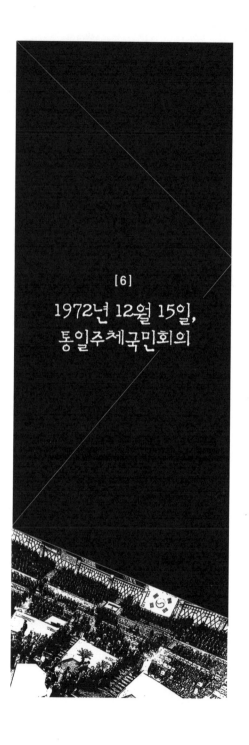

[6]
1972년 12월 15일,
통일주체국민회의

## 통일주체국민회의,
## 득표율 100퍼센트 대통령을 만들다

흔히 유신 시대를 말할 때 박정희 대통령이 선거 같은 것 없이 종신집권을 기도한 것으로 생각하지만 엄연히 대통령 임기도 있고, 대통령 선거도 있었다. 임기는 6년으로 프랑스보다 오히려 1년 적었고 대통령 선거도 치러졌다. 단 대통령 선거는 국민들의 손이 아닌 매우 기이한 이름의 '선거인단'에 의해 행해졌다. 이른바 '통일주체국민회의'. 유신헌법 선포 직후 이 '통일주체국민회의'에 의한 대통령 선거가 치러졌다. 1972년 12월 15일이었다.

이 통일주체국민회의 선거를 통해 초대 대의원 2,359명이 확정되었는데 직업별로는 농업이 전체의 48퍼센트였다. 이미 산업사회로 진입하기 시작한 1972년에 갑자기 왜 대통령 선거인단의 절반이 농민이었는지 그 이유를 짐작하기는 어렵지만 아무튼 이 '통일주체국민회의'는 대통령 선거 이외에도 통일 정책을 심의하고 대통령이 추천하는 국회의원 정수의 3분의 1을 선출하는 막강한(?) 권한을 누리고 있었다.

1972년 12월 5일 초대 대의원 선거를 통해 구성된 '통일주체국민회의'는 1차 회의를 거쳐 대통령을 선출했다. 2,359명

의 대의원이 만장한 가운데 형식 다 갖추고 폼 다 잡은 '선거'
가 치러진 것이다. 이윽고 발표된 선거 결과는 그들 스스로를
놀라게 했다. 박정희 대통령에 대한 찬성표가 2,357표에 이른
것이다. 2표는 기표에 실수한 무효표. 북한의 100퍼센트 투표
100퍼센트 찬성에 맞먹는 선거 결과였다. 유효투표 수 중 득
표율 100퍼센트. 아마도 명색이 자유민주주의 국가에서 벌어
진 선거판에서는 기록적인 득표율에 해당할 것이다.

## 무효 1표, 왕국에서도 보기 힘든 '공화국' 선거

박정희 대통령은 이 100퍼센트의 득표율로 대통령이 된 뒤
온갖 긴급조치를 남발하며 국민들의 입을 용접하고 손발을
묶었다. 그리고 6년 뒤인 1978년 또다시 '통일주체국민회의'
가 구성된다.

　이번에는 2,581명으로 구성됐고 박정희 대통령은 그들을
모아 놓고 이렇게 '축사'를 한다.

　친애하는 대의원 여러분 …… 이제 제2대 대의원 여러분들
　은 유신한국의 새 역사 창조의 기수로서 또한 통일 대업달
　성을 위한 민족 주체세력으로서 막중한 소임을 맡게 되었
　습니다. 대의원 여러분 돌이켜보면 지난 1972년 우리가 10
　월유신을 단행한 지도 언 6년이라는 세월이 흘렀습니다.

…… 급변하는 내외정세에 직면한 그 당시 우리 사회의 양상은 어떠했던가, 이러한 문제는 아랑곳도 없이 여전히 우리 사회에서는 낭비와 비능률과 무질서가 만연하고 있었고 정파 간의 극한투쟁과 선동정치의 폐해 속에서 무책임한 인기 전술 등으로 국론은 분열되고 내일의 진로도 정립하지 못한 채 목전의 일에만 급급하는 풍조가 우리 사회 구석구석에 가득 차 있던 때였습니다. 이러한 국보간난의 시기에 국정의 능률을 극대화해서 국력을 조직화해서 내외정세의 변화에 능동적으로 대처해 나가면서 우리가 안고 있는 문제들을 우리 스스로의 힘으로 해결해 나가고자 우리는 마침내 구국적 일대에 개혁을 단행했습니다. 그것이 10월 유신이었습니다.

선거를 앞둔 대통령의 연설이 아니라 휘하 병력을 모아 두고 자신의 부대의 지난날을 회고하는 사단장, 아니 그보다 한층 아래의 연대장의 훈화에 가깝다. 이에 감명받았는지 제2기 통일주체국민회의는 무효표를 50퍼센트 줄이는 탁월한 성과를 가져왔다. 두어 달 뒤 실시된 체육관 선거에서 2,578명이 참석한 가운데 2,577명이 찬성하고 단 1명만이 무효표를 던졌던(?) 것이다.

이 시기를 두고 우리는 제4 '공화국'이라 일컫지만, 왕국에서도 벌어지기 힘든 '선거'가 그 공화국에서는 펼쳐지고 있었다. 전설에 따르면 그나마 용기 있는 사람이 그 삼엄한 체육관 내에서 100퍼센트 찬성의 오점을 남기지 않고자 '박정히'라고 오기하여 무효표 하나를 냈다고도 한다. 그리고 그 사람은 치도곤을 당했다고 전한다.

출마자가 한 사람이니 그에 반대한다고 적는다 한들 '반대'가 아닌 무효로 처리되었을 터였다. 대통령 권한대행을 하던 최규하가 대통령직에 오를 때에도 통일주체국민회의가 열렸는데 이때는 84표라는 사상 최대(?)의 '무효표'가 나온다. 바야흐로 1980년 서울의 봄이 왔다. 이제 빼앗긴 땅에도 꽃이 피고 잃어버린 국민의 주권도 제비처럼 돌아올 줄 알았지만 희망은 그해 봄이 가기 전에 시커먼 주검으로 변해 버렸다.

가끔 내가 배운 학창시절의 교과서를 만든 사람들의 비윗장(?)에 경탄을 금치 못할 때가 있다. 대관절 기묘한 선거인단이 구성돼 체육관에 모여 99.9퍼센트의 찬성으로 대통령을 만드는 나라에서 무슨 자격과 긍지로 윗동네 나라의 '100퍼센트 투표에 100퍼센트 찬성'을 비민주적 선거의 표상이라며 준엄하게 나무랄 수 있었을까. 1987년 6월항쟁이 일어나던 날은 이런 체육관 선거에 나갈 여당 후보를 선출하는 날이었다. 그해 6월이 없었다면 우리는 여전히 체육관을 바라보고 있을지도 모른다.

광주의 피바람이 한바탕 전국을 숨죽이게 한 후 피 묻은 칼을 손에 거머쥔 전두환 장군은 역시 '통일주체국민회의'를 통해 자신의 꿈을 이룬다. 잠시 이완되는가 했던 대의원들의 군기 軍紀도 삽시간에 회복된다. 이후 1980년 '서울의 봄'이 찾아 오지만 전두환 이하 신군부가 들어서면서 그 봄은 또다시 얼 어붙는다. 광주의 피바람이 한바탕 전국을 숨죽이게 한 뒤 열 린 통일주체국민회의는 다시금 유신 때의 '군기'를 되찾는다. 별 두 개 소장이었다가 스스로 별 네 개를 달고 전역한 전두 환 장군에게 2,525명 가운데 2,524명이 찬성표를 던졌고 무 효표는 1표에 불과했던 것이다.

**박정희**대통령이 옛날 좌익 물을 먹었다는 느낌은 여러 번 받는다. 의료보험 제도나 사유재산의 무분별한 남용을 제한한 그린벨트 등의 정 책에서도 그렇지만 우선 그가 선호했던 '이름' 들에서 좌익의 향기(?)를 느끼는 것이다. 국가재건 '최고회의'라든가, 통일 '주체' 국민회의라든가. 하여간 별도로 통일주체국민회의의 투표 방식과 결과는 요즘 말로 그럴 수 없이 '종북적'이었다.

# 한 표의 소중함 잊지 말아야

철권 독재자는 이렇게 국민의 권리를 빼앗아 자신의 장식품이자 요식 기관인 '통일주체국민회의'에 부여하고 99.9퍼센트의 찬성률을 얻어 제 스스로 머리에 왕관을 썼다. 그리고 대의원들은 '대한민국' 만세를 부르짖었지만 여전히 대한민국 헌법 1조 1항은 대한민국은 민주공화국이었다. 먼 나라의 이야기도, 먼 과거의 이야기도 아니다. 1987년 6월 대통령 간선제 헌법을 고수하겠다는 정권을 향해 "호헌철폐, 독재타도"를 외치며 일어섰던 6월항쟁은 그 국민의 권리를 다시 되찾겠다는 국민들의 항거가 쌓아올린 빛의 금자탑이었다.

'통일주체국민회의' 대의원들은 체육관에 모여 무효표 1~2표를 제외하고 절대다수가 '대통령 각하 만세'를 부르짖었다. 그리고 바로 그 희한한 시대에 대통령 옆에서 환한 웃음 지으며 손 흔들던 '퍼스트레이디'가 지금의 대통령이다. 놀러 가거나 늦잠을 자거나 귀찮아서 내팽개친 우리의 한 표는 이 희한함을 거부했던 손 모음과 땀방울이 빚어 낸 열매다.

곽상훈

"박대통령은 민의를 존중하기로는 1인자라고 단언할 수 있다. 민주정치는 국민의 절대다수가 원하는 방향으로 펼쳐지는 것이라고 할진대 유신의 참 뜻은 이 땅에 모든 국민이 원하고 참여하는 참된 민주주의의 바탕을 마련하는 것이다. 박대통령은 이러한 민주주의를 희구하고 있다.

그러나 민주주의의 형태가 모든 나라에 천편일률로 같을 수는 없다. 일본은 일본에 맞는 민주주의를, 한국은 한국적 민주주의를, 즉 그 나라의 다수 의견을 따르는 민주주의를 해야 할 것이다.

박대통령을 우리 민족사의 창업지주로 결론짓지 않을 수 없다. 국가대사나 작은 일에 이르기까지 실수로 일을 그르치는 경우가 없기 때문에 신뢰감을 안 가질 수가 없다. 어떠한 국난을 당해도 나라와 국민을 손상하지 않고 슬기롭게 극복하는 박대통령의 영도력을 우리는 믿어야 할 것이다(통일주체국민회의 의장 곽상훈, 1978. 12. 27)."

곽상훈은 독립운동가 출신으로 반민특위 검찰차장으로 활약한 사람이다. 5선 의원으로서 국회의장도 두 번씩이나 역임하였다. 5·16쿠데타 후 정계에서 은퇴하여 조용히 살다가 난데없이 1972년 '통일주체국민회의' 운영위원장으로 돌아왔고 1978년 또 한번의 통일주체국민회의를 치르고 위와 같은 종북적從北的인, 즉 수령 무오류설을 주장하는 북한식의 박정희 대통령관을 드러내면서 역사에 그 오점을 남긴다.

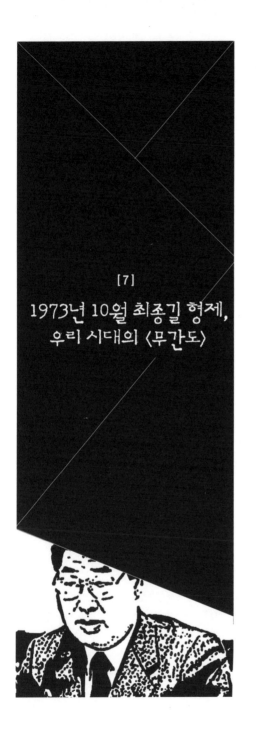

[7]

1973년 10월 최종길 형제,
우리 시대의 〈무간도〉

## 영화보다 더한 현실

〈무간도〉(2002)라는 홍콩 영화가 있다. 신분을 감추고 범죄 조직에 잠입해 오랫동안 일원으로 살아야 하는 기구한 운명의 경찰과, 반대로 범죄 조직의 일원이지만 경찰에 침투해 정보를 캐내는 사람이 주인공인 영화다. 하지만 때로 현실은 영화보다 영화적인 법이다. 다음은 영화 아닌 현실에서 일어난 〈무간도〉 같은, 아니 어쩌면 그보다 더하다 싶은 이야기다.

1973년으로 거슬러 올라가보자. 그보다 한 해 앞서 1972년 10월 박정희 대통령은 '10월유신'을 선포한다. 대통령 직선제가 폐지됐고 연임 제한을 없애서 다섯 번이고 여섯 번이고 대통령에 앉을 수 있게 했고, 국회의원의 3분의 1을 대통령이 임명했으며, 헌법도 무시할 수 있는 '긴급조치'를 내릴 권한을 대통령에게 부여했다. 대통령은 입법·사법·행정 3부 위에 군림하면서 헌법도 나 몰라라 할 수 있고 그것을 평생 차고앉을 수 있는 자리였다. 이것은 곧 왕王이었다. 유신 체제가 국민을 짓눌렀지만 저항의 목소리는 터져 나왔다. 1973년 10월 2일 서울대학교 문리대에서 일어난 유신 반대 시위는 그 저항의 목소리에 물꼬를 튼 사건이었다. 이 시위는 서울 법대, 상대를 비롯한 전국의 대학으로 번져 나갔다.

## 중정 엘리트 요원과 법대 교수 형

그 무렵 서울대 법과대학에는 최종길이라는 교수가 있었다. 독일 유학생 출신으로 '인천이 낳은 천재'라는 소리를 듣던 이 영민한 교수는 학생들이 흠씬 두들겨 맞고 끌려가는 것을 보고 교수회의에서 이런 발언을 한다.

"부당한 공권력의 최고 수장인 박정희 대통령에게 총장을 보내 항의하고 사과를 받아야 합니다."

학교에 정보기관 요원들이 상주하던 시절이었으니 이런 말은 직통으로 중앙정보부(현 국가정보원)에 보고됐을 것이다.

그런데 얄궂게도 중앙정보부에는 최종길 교수의 동생이 있었다. 동생 최종선은 중앙정보부 공채 수석 합격 출신으로, 중앙정보부의 핵심 부서인 감찰실에 근무 중이었다. 4남2녀 중 막내였던 최종선은 본인의 우상이었다고 말할 만큼 둘째 형 최종길 교수를 지극히 존경했다.

어느 날 그는 상관의 호출을 받고 "자네 형님에게 뭐 좀 물어 볼 게 있다"는 이야기를 듣는다. 최종선은 모르고 있었지만 중앙정보부는 유럽을 배경으로 한 간첩단 사건의 그림을 그리고 있었다. 수사 와중에 독일 유학생 출신인 최종길 교수의 이름이 언급된 것이다. 그러나 중앙정보부 엘리트 요원인 동생 최종선도 서울대 법과대학 교수인 형 최종길도 그들에게 무슨 일이 일어나리라고는 꿈에도 생각하지 않았다.

1973년 10월 16일. 동생은 "형님, 동생 직장 구경도 할 겸 한번 들르시지요"라고 전했고 형도 "허허 내가 중앙정보부를 다 와 보는구나" 하고 웃으면서 중앙정보부로 걸어 들어갔다. 퇴근 무렵 동생은 현관에서 형이 맡겨 놓은 주민등록증을 발견한다.

"아직도 조사 중인가."

중앙정보부 사람들이 어떤 식으로 '조사'하는지를 알았던 그이기에 조금 불안했지만 설마 뭔 일이 있을까 싶어 퇴근했고 다음날 아침 출근했는데 뜻밖에도 주민등록증은 그 자리에 그대로 있는 것을 발견한다. 동생의 가슴은 내려앉았다. 형의 주민등록증은 그날도, 그다음 날도 그 자리에 있었다.

## 제 발로 걸어 들어와 의문의 변사체로

사흘 후인 10월 19일 동생 최종길은 아침 일찍 나오라는 호출을 받는다. 그리고는 "오늘 새벽 당신 형이 조사 도중 화장실 창문으로 뛰어내려 자살했다"라는 청천벽력 같은 소식을 듣는다. 현장 보존 따위는 처음부터 없었고 시신은 이미 어디론가 치워진 상태였다. 자살이라니. 어느 것 하나 부러울 것도 부끄러울 것도 없는 형이 자살이라니. 경황이 없는 와중에도 그는 형이 자살했다는 곳을 찾아 샅샅이 눈에 담고 주변을 살핀다. 핏자국 하나 없는 투신 현장에서 그는 "형은 자살한

한국사를 지켜라 ❷
대한민국이 유신공화국이었을 때

것이 아니라 타살당했다"고 직감했다.

동생이 가장 먼저 중앙정보부에 요구한 것은 형의 명예였다. 중앙정보부가 늘 하던 대로 간첩 누명을 뒤집어씌우거나 반역자 딱지를 붙이지 말아 달라는 요청이었다. 하지만 중앙정보부는 황망한 각서를 요구한다. "비록 조국을 배반하고 양심의 가책을 못 이겨 결국은 자기의 생명을 끊은 최종길이 한없이 밉고 원망스러우나 …… 그 죄상이 신문에 보도되지 않고 호적에 기재되지 않는 등 사상적 제한이 없이 자손들이 밝게 살아갈 수 있도록 허락해 주십시오"라는 거짓 각서에 지장을 찍을 것을 강요한 것이다.

우상처럼 숭배하던 형이 자신의 일터에서 죽임을 당하고,

**수십 년 만에** 빛을 본 최종길 교수 사건 관련 현장 검증 사진. 현직 중앙정보부원을 동생으로 둔 국립대 교수도 이렇게 허무하게 죽어 가고 소리없이 파묻혔던 나라에서 그런 동생도 없고 번듯한 직위도, 신분도 없는 이들은 대체 어떤 취급을 받았을까. 후일 중앙정보부에 붙들려 간 사람들은 간간이 최종길 교수의 이야기를 들었다. 신경림 시인은 고문 도중 창가로 끌려가서는 이런 협박을 들었다고 증언한다. "야 이 새끼야, 여기가 어딘지 알아? 여기가 최종길이가 떨어져 죽은 데야."

명예를 지킨다는 것이 되레 형을 반역자로 인정한 '각서'로 귀결됐을 때 동생의 심경은 어땠을까. 이때 최종선은 뜻밖의 선택을 한다. 세브란스 정신병원에 자진 입원한 것이다. 중앙정보부마저도 손댈 수 없는 백색의 벽 안에 스스로 갇혀서 그는 형의 죽음과 관련된 사실을 하나하나 정리한다. 그리고는 혼자 되뇌었다. "나는 그들이 형님에게 반역자의 누명을 씌워 대대적으로 보도한 어제 저녁, 쇼크를 가장해 이곳에 들어온 것이다. 그들의 감시 범위에 남아 그들을 안심시키면서, 내가 뜻하는 글을 제한받지 않고 쓸 수 있는 곳은 이곳밖에 없기 때문이다"라고.

**고인의** 동생 최종길 씨는 《한겨레신문》에 과거 민주화운동의 여정을 기고해 온 김정남 전 청와대 수석에게 이런 메일을 보내 왔다고 한다. 2012년 대선 전의 일이다. "우연히 차기 대선후보에 대한 설문조사를 보니 '안철수·박근혜' 두 분이 유력하다더군요. 그런데 정말 궁금한 게 있습니다. 나의 사랑하는 형, 우리의 최종길 교수가 돌아가시던 날, 또 우리의 영원한 광복군 장준하 선생님이 약사봉 계곡 아래 던져지던 그날, 그 한 분은 어디서 무얼 하고 있었을까, 저는 정말 그게 궁금합니다." '그 한 분'은 대통령이 됐다. 나는 외려 최종길 씨가 이 상황을 어떻게 받아들이고 있을지, 그것이 궁금하다.

## 동생의 '와신상담'

엘리트 정보요원답게 모든 기억을 짜 내고 정황을 분석한 노트를 작성한 뒤 그는 놀랍게도 다시 중앙정보부로 복귀했다. 1981년 퇴직할 때까지 무려 7년 동안 그는 중앙정보부 요원으로 일했다. 본인뿐 아니라 주변 인물들의 사상관계, 범죄 여부 등을 면밀히 조사해 조금이라도 어긋나는 것이 있으면 공무원이나 군인은 꿈도 못 꾸는 시절이었으나 그는 중앙정보부에서 죽음을 당한 간첩 혐의자의 동생으로서 7년을 버텼다.

들리는 이야기에 따르면, 동생은 누구보다 정교한 정치 공작을 펴고 형처럼 잡혀 온 사람들에게 혹독하게 대하는 등 중앙정보부원 '본연의 자세'에 충실했다고 한다. "형을 봐서라도 그러면 안 되지 않느냐"라는 말을 들을 정도였다. 그러면서 그는 형의 죽음과 관련된 자료를 계속 모았다. 형을 죽인 원수들과 함께 근무하고 술도 마시고 명령을 받아 성실히 수행하고 칭찬도 받으면서도 형의 죽음을 한시도 잊지 않았던 7년. 대관절 동생 최종선에게 어떤 시간이었을까. 어떤 영화든 소설이든 그 한을 표현할 수 있을까. 세상없는 명배우라도 이 기구한 정보요원의 심리를 제 연기로 묘사할 수 있을까.

# 우리는 무간도에서 탈출했는가

1988년 10월 6일 고 최종길 교수 사건의 공소시효를 며칠 남기고 모든 자료가 공개됐다. 재수사가 이뤄졌지만 그로부터 12일 후인 10월 18일, 검찰은 "당일자로 공소시효가 만료했으며, 타살됐다는 증거도, 자살했다는 증거도" 찾지 못했다고 발표했다. 당시 재수사를 맡은 한 검사는 자신을 방문한 동생 최종선을 '가해자로 조사받을 중앙정보부 요원'으로 착각하고서 "고생 많으십니다. 그냥 대충 덮는 거지요 뭐"라고 말해 동생의 심장을 다시 한 번 후벼 파는 일까지 있었다. 형을 죽이고 자신을 배신한 조국에 환멸을 느낀 동생은 이민을 택한다. 그는 해외에서도 형의 억울한 죽음을 밝히려는 노력을 그치지 않고 아버지의 뒤를 이어 민법학자가 된 아들을 비롯한 유족들도 최종길 교수의 한을 풀려는 노력을 포기하지 않았다. 그 결과가 2006년의 국가 배상 판결이었다.

영화에나 나올 법한 머나먼 나라나 옛날 이야기 같지만 그렇지 않다. 아무나 끌고 와서 간첩을 만들 수 있었고, 그러다가 죽으면 "양심의 가책을 못 이겨 자살"로 몰아갈 수 있었으며, 그에 대해 어떠한 양심의 가책도 느끼지 않는 악마들이 판치던 무간지옥 같은 시기는 오늘로부터 그리 멀지 않다.

그로부터 40년이 지난 지금도 우리는 종종 〈무간도〉에나 존재할 것 같은 악마의 꼬리를 보고 소스라치게 놀란다. "한국 국사학자의 90퍼센트는 좌경이고 야당 대표는 공산주의자다"라고 대놓고 말하는 사람이 공영방송의 책임자 위치에 앉아 있는 현실 앞에서 과연 우리는 무간도에서 탈출했는지 참담하게 물어보는 오늘이다.

최종길 교수 가족들 역시 험난한 시련을 버텨야 했다. 남편의 죽음을 받아들일 수 없었던 아내는 남은 아이들을 길러 내고 남편의 죽음의 이유를 밝히기 위해 여생을 다 바쳐야 했다. 아이들과 함께 쇼핑을 위장하여 시내를 돌아다니면서 미행을 따돌린 뒤에야 남편의 추모 미사에 참여할 수 있었던 그녀에게 유신의 세월은 길고도 참혹했다. 진상이 규명되더라도 공소시효가 만료돼(1988. 10. 18) 법적 처벌이 불가능하게 됐다는 기자의 말에 부인 백경자 씨는 이렇게 단호하게 대답한다.

"나라에서 잘못을 했는데 무슨 공소시효가 있는가. 고문한 당사자 개인의 처벌을 말하는 게 아니다. 그 사람인들 혼자 판단으로 저지른 일이겠는가. 하지만 진실은 똑바로 밝혀야 한다. …… 양심껏 진실을 밝히지 않는 한 장본인들은 지금도 괴로울 것이다. 그렇게 양심을 속이면서 자신의 자식 앞에 어떻게 고개를 들 수 있는지 모르겠다"(《주간한국》 2001. 12. 19).

그녀도 2015년 세상을 떠났다. 남편과 헤어진 지 42년. 저승에서나마 그 한을 풀고 남편과 함께 행복하길 바라본다. 그러나 죽은 사람이 할 수 없는 말은 산 사람이 해야 한다. "도대체 양심을 속이면서 자식 앞에 어떻게 고개를 들 수 있는가?" 귀를 파고서 이 말을 들어야 할 사람은 최종길 교수 살해범들만은 아니다.

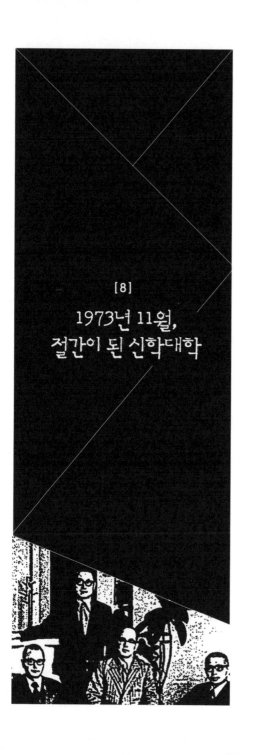

[8]

1973년 11월,
절간이 된 신학대학

## 대통령의 눈엣가시 '한신대학교'

내 큰집은 서울 우이동 화계사 근처였다. 방학 때면 종종 큰집에서 며칠씩 머물곤 했는데 그즈음 들은 이야기기가 있었다.

"대통령이 한신대학교를 너무 싫어해서 ……."

아마도 서울대를 제외하면 가장 빨리 접했던 대학의 이름이 아닌가 한다. 큰집 근처에 있었던 한국신학대학교는 당시 유신 체제의 권좌에 앉아 있던 박정희 대통령에게 매우 괘씸하고 골치 아픈 종기와도 같은 학교였다. 자잘한 것 같지만 몹시 아프고 확 터뜨려 버리자니 곪을까 두려운 종기.

취임식 중 제멋대로 성경에 손을 얹고 선서한 '장로님' 이승만 대통령 이후 한국 기독교는 신교와 구교를 막론하고 정권에 우호적이었다. 하지만 굴종의 세월을 거쳐 1970년대에 접어들고 박정희 정권이 점차 본연의 색깔을 드러내면서 기독교역시 "뜻 없이 무릎 꿇는 그 복종 아니요 운명에 맡겨 삶이 그 생활 아니다"라며 고개를 쳐들기 시작했다. 가톨릭 원주 교구에서 정부의 부정부패 반대 시위가 터져 나오고 이에 대해 정부가 강경 조치하자 김수환 추기경은 당시 정부가 추진하던 국가보위에 관한 특별조치법에 대해 직격탄을 퍼붓는다.

"이 법은 북한(북괴)의 남침을 막기 위해서입니까, 아니면

국민의 양심적인 외침을 막기 위해서입니까?'

유신이 선포된 뒤 개신교 쪽에서도 본격적인 민주화운동의 기지개를 펴기 시작했다. 유신 다음 해 부활절 예배는 신구교 연합으로 열렸고 여기에 일부 목사와 전도사들은 "사울 왕이 여 회개하라", "주여! 어리석은 왕을 불쌍히 여기소서"라고 쓰인 플래카드를 걸고 전단을 뿌리려는 야심찬 계획을 세우지만 무위에 그치고 만다. 하지만 극동의 사울 왕은 이스라엘의 사울 왕보다 훨씬 집요하고 잔인했다. 이때의 시위 준비를 빌미로 "부활절 예배 장소에 모인 10만여 군중을 4개 방향으로 유도, 방송국을 점거하고 이어 중앙청을 비롯한 관공서 등을 점령할 계획을 세우는 등 내란음모를 기도했다"는, 이른바 '남산 야외음악당 부활절 예배사건'이라는 어마어마한 뻥튀기를 자행한 것이다.

## 골리앗이 된 정권에 다윗이 맞서다

이제 사울은 골리앗이 돼 가고 있었다. 키가 3미터에 이르고 보통 사람으로서는 대적하기조차 어려운 거인이었다는 골리앗이 이스라엘 군대를 향해 나올 놈은 나오라고 윽박지르는 형국이었다. 유신이라는 방패를 들고 긴급조치라는 칼을 휘두르는 이 거한 앞에서 3천 5백 만 국민의 대다수는 숨을 죽였다. 하지만 어느 시대에나 다윗은 있는 법. 한국의 기독교인들 일부는 다윗처럼 돌팔매를 들고 나선다.

"하느님은 우리와 함께 계신다."

한국의 골리앗 역시 곱징역과 고춧가루물을 휘두르며 외쳤다.

"어서들 오너라. 네 살을 공중의 새들과 들짐승들에게 주리라(《사무엘상》 17:45)."

이 다윗들의 진지 가운데 가장 튼실했던 것이 한국신학대학교였다. 유신 선포 뒤 숨죽이던 한 해가 가고 1973년 10월 2일 서울대에서 시위가 터져 나왔고 이 시위 진압과 관련하여 정부에 비판적 목소리를 냈던 서울대 최종길 교수가 중앙정보부에서 죽임을 당했다.

반유신 투쟁의 구호가 간간이 어둠을 찢고 나오는 가운데 한신대학교에서도 유신 반대의 목소리가 터져 나왔다.

학생회장 이창식과 대의원 의장 김성환이 "오늘과 같은 상황에서 신앙 양심상 안이하게 수업을 계속할 수 없다"고 선언한 뒤, 학생들이 11월 9일부터 열흘 동안 동맹휴교에 들어갔다. 학생들은 채플실에서 예배와 토론으로 신앙적인 결단과 함께 투쟁을 하기 위한 이론적인 무장을 계속했다(문동환, 《길을 찾아서》).

마침내 다윗들이 물맷돌을 들고 골리앗 앞에 나선 것이다.

비록 이스라엘의 다윗처럼 아직 돌팔매 솜씨가 여물지 않아 골리앗의 이마를 맞추지 못했고 갑옷에 튕겨 나갈 뿐이었으나 어쨌든 새로운 전선은 형성되고 있었다.

다윗의 스승들도 난처했다. 수업 거부가 진행되니 강의할 일이 없었지만 그렇다고 어딘가로 놀러 갈 수 있는 상황도 전혀 아니었고 손 놓고 있기도 뭐한 상황이었다. 학생들이 골리앗과 맞선다는데 신학대학 교수 처지에 다윗을 나무라던 다윗의 형들처럼 "니들이 뭘 안다고 이래?"라고 윽박지를 수도 없었다. 그렇다고 다윗과 함께 돌팔매를 휘두를 수도 없었다. 결국 교수들도 모여서 기도하기로 했다. 하긴 종교인들에게 기도만한 무기가 또 있을까. 아마 교수들의 머릿속에는 2년 전의 위수령이 떠올랐을 것이다.

## 정권의 제적 명령에 "학원 질서 파괴 없음"

유신 전부터 박정희 정권은 이미 광기의 전조를 보이고 있었다. 1971년 교련 반대 데모로 촉발된 전국적 시위에 박정희 정권은 위수령으로 답했다. 뿐만 아니라 전국 대학에 '제적자 명단'을 내려보냈다. 한신대학교의 경우 4명을 내쫓으라는 지시가 떨어졌다. 그러나 한신대학교의 대답은 "본 대학 학생들이 학원 질서를 파괴한 사실이 없다고 판단하여 학칙에 의한 제적을 할 수 없음"이었다.

이때는 교수들이 다윗이었다. 위수령 하의 골리앗은 군대를 파견했고 중앙정보부 한신대 담당요원이 교수회의장에 뛰어들었다.

"교수님들 국가원수 체면을 좀 살려 주십시오."

아마 그 요원도 필사적이었을 것이다. 결국 4명 가운데 2명은 자퇴서를 냈고 2명은 제적으로 마무리되긴 했으나 한신대 교수와 학생은 그렇게 머리를 풀고 옷을 찢으며 골리앗에 대해 분노의 깃발을 세워 갔다.

1973년, 유신정권은 또다시 한신대학교에 학생들에 대한 제적을 요구해 왔다. 그즈음 한신대 교수 문동환은 학장실에 들렀다가 놀라운 광경을 목도한다. 김정준 학장이 바리깡을

## 《한신대50년사에서》

"안병무 교수의 삭발이 끝나자 나도 주저없이 그 자리에 앉았다. 장발이었던 내 머리가 싹둑 잘려 나갔다. 거울 앞에 선 나는 뒤에서 나를 바라보고 있는 안 교수와 눈이 마주쳤다. 그는 "동환아!" 하면서 소리를 질렀다. 거울 속에서 은진중학교 시절의 내 모습을 보았던 것이었다. 나도 "병무야!" 맞장구를 쳤다. 그 엄중한 순간에 교수들 사이에 웃음이 터졌다(《한겨레신문》 2008. 8. 20)."

글을 읽으며 나도 웃음이 났다.

동시에 눈물이 났다.

들고 자기 머리에 고속도로를 내고 있었던 것이다. "이거 뭡니까? 화계사로 출가라도 하려는 겁니까?"라며 당황하는 문동환에게 김정준 학장은 안병무 교수의 제안에 따라 학생들을 지지하는 교수들 전원 삭발을 진행하기로 했다고 전한다. 바야흐로 한국신학대학교는 외관상(?)으로 화계사 승가대학이 됐다. 백발 또는 염색한 흑발이 무성하던 머리는 까까머리로 바뀌었고 학생들은 교수들의 머리 앞에서 입을 벌렸다.

## 교수 학생 삭발에 교직원, 버스기사도 동참

학생 몇몇이 이발관으로 달려갔는데 하필 쉬는 날이었다. 학생들은 아무 가위나 들고 자신들의 머리카락을 턱턱 잘라 냈다. 가위가 없는 사람들은 머리를 쥐어뜯어서라도 삭발을 할 기세였다. 어떤 전언에 따르면 교직원들도 일부 동참했고 심지어 학교버스 기사 아저씨도 삭발 행렬에 동참했다고 한다.

며칠 후 학생들의 단식 투쟁이 끝나던 날 민머리의 교수와 학생들은 부둥켜안고 함께 울었다. 그리고 한국 길거리 데모 역사에서 유구한 역사와 생명력을 자랑하는 노래를 울부짖으며 불렀다.

"우리는 한신 가족 좋다 좋아, 함께 죽고 함께 살자, 좋다 좋아, 무릎을 꿇고 살기보다 서서 죽기 더 원한다, 우리는 모두 한신 가족."

그때 그들은 정녕 다윗이었다. 한 학년에 50여 명, 전체 2백여 명에 불과한 작은 대학 한신대학교는 골리앗의 이마로 날아갈 물맷돌로 뭉쳐지고 있었다.

가슴에 엉킨 가래 같은 피울음을 한 바가지 토한 후 김정준 학장은 강단 앞의 한신대학교 교기 앞에 무릎을 꿇는다. 그의 손에 들린 것은 면도칼이었다. 학장은 예리하게 날이 선 면도칼로 자신의 학교의 상징을 갈기갈기 찢는다. 학생을 지켜 주지 못하는 학교에 대한 자괴, 그 학교에서 스승이라 일컬어지는 자신들의 무기력, 학생들에게 골리앗의 칼처럼 육중한 공격을 서슴지 않는 정부에 대한 분노가 범벅이 된 칼질이었다.

"학생들이 다시 돌아오면 이 교기를 꿰맬 것입니다."

그 현장을 지켜본 사람들의 마음이 어떠했을지는 굳이 글로 옮길 필요도, 상상을 오래할 필요도 없을 것이다.

## 우리 역사는 승리의 역사

아이들이 배우는 교과서가 대한민국을 부정하고 패배주의를 심어 주고 그것 때문에 자살을 쉽게 하고 있다는 흰소리 앞에서 이런 이야기를 하는 뜻은 다른 데 있지 않다. 우리 역사는 결단코 패배의 역사가 아니었으며 대한민국을 부정하기는커녕 독재로부터 자유롭고 더 많은 사람들의 더 큰 자유를 추구해 온 진정한 민주공화국 대한민국을 향해 한 발 한 발 내딛어 온 역사라고 말하고 싶어서다.

어떤 어려움 속에서도 최악의 암흑 속에서도 대한민국 사람들은 누군가 싸웠고 누군가 그 뒤를 따랐고 두려워도 눈감지 않고 그를 지켜봤다. 그 역사를 밝히는 데 패배주의 따위가 어디서 범접할 수 있단 말인가.

어림잡기조차 어려운 '좌편향 좌편향'을 주문처럼 들먹이는 이들이 '자학사관'을 대관절 어떻게 극복하여 '자긍심 그득한' 역사를 일궈 낼지 모르겠으나 적어도 그 교과서에는 전교생이래 봐야 기백 명이었던 미니 대학이 한 나라를 통째로 손아귀에 넣고 으르렁대던 독재정권에 맞섰던 전설 같은 역사는 등장하지 않을 것이다. 신학대학이 삽시간에 절간이 되어 교수, 학생, 교직원, 버스기사까지 까까머리로 캠퍼스를 누비던 나날은 비치지도 않을 것이다. 우리 역사는 결코 패배해 온 역사가 아니다. 패배해 온 이들은 오히려 지금 패배주의를 논하는 자들이었다.

류동운

유신의 자식이라 할 1980년 신군부가 광주를 짓밟던 때, 또 한 명의 한국신학대학생이 역사에 그 젊은 목숨을 바쳤다. 소식을 듣고 한달음에 광주로 내려온 그는 아버지 류연창 목사의 만류를 무릅쓰고 도청에 들어가 최후까지 항전하다가 목숨을 잃는다. 애끓는 아버지의 만류 앞에서 그는 아버지의 설교를 들어 항변했다.

"다른 집 자녀는 다 희생당하고 있는데, 왜 저만 보호하려고 하십니까? 역사가 병들었을 때, 누군가 역사를 위해 십자가를 져야만 큰 생명으로 부활한다고 하지 않았습니까? ……" 아버지는 아들을 붙들 수 없었다. 아들은 시신으로 돌아왔다. 치아로 겨우 확인할 수 있었을 만큼 만신창이가 된 모습으로. 믿음으로 역사를 일으키고 사랑으로 핍박받는 자들을 도우려던 진실한 기독교인의 최후였다.

류동운의 아버지 류연창 목사는 성결교단 소속이었지만 류동운은 한국신학대학교를 택했다. 사회 복음을 강조하는 한신대의 교풍을 선호했기 때문이었다. 한국신학대학교는 그런 곳이었다. 적어도 40년 전에는 분명히 그러하였다.

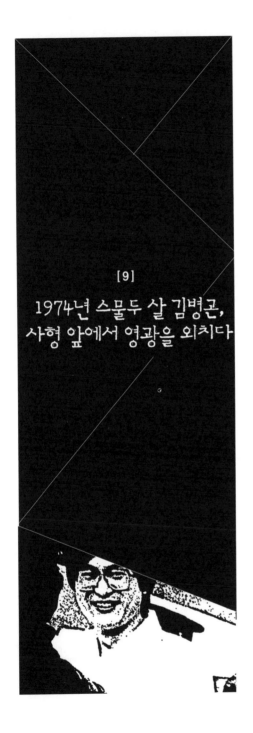

[9]

# 1974년 스물두 살 김병곤,
# 사형 앞에서 영광을 외치다

# '상남자' 김병곤

'훈남'이니 '까칠남'이니 하는 말이 한동안 유행이더니 이제
는 '상남자'라는 표현도 많이 쓰는 모양이다. 이른바 '남자 중
의 남자' 정도의 뜻으로 쓰이는 것 같은데 사실 그 호칭에 걸
맞는 사람은 그리 흔하지 않을 터이다. 언필칭 대장부가 천하
의 졸장부로 판명되는 일이 지천이요 잠깐의 감동을 주다가
오랜 쓴맛을 선사하는 '남자'들도 우리가 알기에도 많지 않던
가. 하지만 1990년 12월 세상을 떠난 김병곤이라는 사람에게
만큼은 '상남자'라는 호칭을 써도 일점의 손색도 일말의 아쉬
움도 없을 것이다.

교도소를 취재한 경험이 있는데 당시 화제의 소재 중 하나
는 사형수들이었다. 사형수라는 이유만으로 빨간색 이름표
를 단 그들은 교도소 내에서 특별한 지위를 형성한다. 아무
리 험상궂은 조폭도 빨간색 이름표 앞에서는 눈을 내리깐다
는 말이었다. 죽음이란 그렇게 무거울 뿐만 아니라 늘 그 죽
음을 등에 업고 있는 사형수 또한 바라보기 힘든 존재이기
때문이다.

이희호 여사 자서전에도 사형이라는 단어의 무게감이 실감
나게 그려져 있다. '인동초'의 강인한 이미지를 지닌 김대중

대통령 같은 인물도 재판정에서 사형과 무기징역의 갈림길에서 무기징역을 목메어 바라며 재판장의 입술이 '사' 하면서 벌어지지 않고 '무'를 발음하기 위해 튀어나오기만을 간절히 쳐다봤다고 했을 정도이니 말이다. 그런데 이 '사형'을 우습게 만든 사람이 바로 김병곤이었다.

"사형 구형 감사합니다!"

1974년 4월 정부는 긴급조치 4호를 선포하는데 그 1조는 이렇다.

전국민주청소년학생총연맹과 이에 관련되는 제 단체(이하"단체"라 한다)를 조직하거나 또는 이에 가입하거나, 그 구성원과 회합, 또는 통신 기타 방법으로 연락하거나, 그 구성원의 잠복, 회합·연락 그 밖의 활동을 위하여 장소·물건·금품 기타의 편의를 제공하거나, 기타 방법으로 단체나 구성원의 활동에 직접 또는 간접으로 관여하는 일체의 행위를 금한다.

즉 애초에 이 긴급조치 4호는 '전국민주청소년학생총연맹', 즉 민청학련이라는 단체를 겨냥해 내려진 것이었다. 그러나 이 단체의 실체는 미약했다. 즉 전형적인 '용공 조작'이었다. 대학생 수백 명을 감옥에 쓸어 담았던 민청학련사건 당시 검찰은 특별히 한 것도 없는 스물 안팎의 젊은이들에게 사형을 구형한다. 유인물 몇 장 뿌리고 데모 몇 번 기획하면 '넥타이 공장'으로 새파란 젊음들을 보내 버릴 수 있는 긴급조치 시대였다. 당시 감옥에서는 사형 집행을 '넥타이 공장을 돌린다'는 은어로 말했다. 더구나 당시는 '구형 정찰제'였다. 검사가 구형하면 거의 판사도 그에 상응하는 판결을 내리던 시대였다. 그때 김병곤의 육중한 음성이 재판정을 울린다.

"검찰관님, 재판장님, 영광입니다. 감사합니다."

청년은 웃음까지 머금고 있었다. '사형 구형'이라는 준사형 선고를 받은 이가 얼굴이 새파래지기는커녕 봄같이 싱글거리는 웃음을 보여 준 것이다. 우렁우렁한 목청이 재판정을 흔들었다.

검찰관님, 재판장님, 영광입니다. 감사합니다. 아무것도 한 일이 없는 저에게까지 이렇게 사형이라는 영광스런 구형을 주시니 정말 감사합니다. 사실 저는 유신 치하에서 생명을 잃고 삶의 길을 빼앗긴 이 민생들에게 줄 것이 아무것도 없어 걱정하던 차에 이 젊은 목숨을 기꺼이 바칠 기회를 주시니 고마운 마음 이를 데 없습니다. 감사합니다(김병곤 회고문집, 《영광입니다》).

그가 김병곤이었다. 1952년생으로 당시 나이 스물 둘. 같은 혐의로 기소된 이들 가운데에서도 가장 어렸다. 요즘은 거명하기조차 거북한 이름이지만, 당시만 해도 한국 민주주의 투쟁의 상징과도 같은 존재였던 김지하는 이렇게 얘기했다.

분명히 사형은 죽인다는 말이다. 그런데 '영광입니다.' 확실히 그렇다. 우리는 드디어 죽음을 이긴 것이다. 병곤이 한 사람, 나 한 사람이 이긴 것이 아니라 우리 모두가 집단적으로 이긴 것이다(《동아일보》 1975. 2. 26).

김병곤은 대통령 선거가 끝난 지 채 1년도 되지 않아 별안

**김병곤은** 언제나 웃음을 잃지 않았다. 《리영희 평전》(김삼웅)에 따르면 리영희에게 10·26 소식을 처음 전해 준 건 김병곤이었다. 운동하는 길에서 빠져 나와 '포복하듯이' 달려와서는 "박정희 죽었어요. 총 맞았어요"를 전하고 쏜살같이 도망갔던 것이다. 달려 나가면서 김병곤은 저 웃음을 지었을지도 모르겠다. "이제는 끝났다. 박정희 정권은 끝장났다." 그러나 끝이 아니었다. 또 다른 악몽의 시작이었다.

간 박정희 대통령이 '10월유신'을 선포했을 때를 이렇게 회고했다.

10월유신이 났을 때 나는 학교 옆에서 하숙을 했어. 하숙방이 두서너 평 되는데, 그 방에 무려 열 몇 명이 모여가지고 통곡을 하고 울었어. '이제는 도저히 안 된다'고 전부 다 결의를 한 거야. 이제는 도저히 두고 볼 수 없다. 사생결단을 할 수 밖에 없다. 이거는 아예 없애야지, 그냥 반대하는 차원이 아니다.

시커먼 총각들의 하숙방 결의. 김병곤은 그 결의대로 살았

**1987년** 16년 만의 대통령 직선제 선거가 끝나고 노태우 후보가 당선됐다. 그런데 구로구청에서 문제가 있어 보이는 투표함들이 발견됐고 시민 학생들이 그 증거물을 사수하기 위한 농성을 시작했다. 그러나 정부는 매우 신속하고도 강경하게 구로구청 농성을 진압한다. 대학생 한 명은 고층에서 떨어져 하반신이 마비됐고 심각한 부상자들이 속출할 정도로 경찰은 유달리 난폭하게 구로구청 농성을 진압했다. 승자의 오만이었을까 제 발 저린 자의 오버였을까. 석방된 지 얼마 안 된 김병곤은 구로구청 농성사건으로 생애 마지막 구속을 당하게 된다.

고 죽음 앞에 직면했고 겨우 모면했지만 그 이후 수시로 죽음 같은 어둠의 방문을 받는다.

## 김병곤의 빛이 되어 준 아내 박문숙

그 어둠의 세월에 빛이 있었다면 아내 박문숙이었을 것이다. 박문숙은 서울여대 74학번으로 서울여대 운동권의 뿌리라 할 '녹수회' 회원이었다. 그녀는 교회 야학에서 김병곤을 만난다. 결혼을 하고 두 딸이 태어났고, 김병곤도 한때 괜찮은 직장을 잡아 알콩달콩 살기도 했다. 그러나 전두환이라는 희대의 독재자가 피바람을 일으키며 대한민국 권좌에 오르자 김병곤은 또다시 민주화 투쟁의 전면에 나서게 된다.

그는 아내에게 "군부독재를 대물림하지 않겠다"고 입버릇처럼 말했다고 한다. 사랑하는 딸들마저 군부독재의 군홧발 아래에서 살게 할 수 없다는 의지, 그리고 박정희와 전두환으로 이어지는 군부독재의 흐름을 끊어놓겠다는 각오였다.

그렇게 독재와의 싸움에 나선 운동가의 아내로서 박문숙은 번역부터 액세서리 가게, 보험 외판원 등 할 수 있는 모든 일을 다하며 두 딸을 키운다. 감옥에 들어간 남편이 "면회 올 가족 없는 학생이 있으니 옥바라지 좀 해 줘라"라고 하면 그 사람까지 챙겨야 했고, 또 잡혀 가면 구속자 가족으로서 악다구니도 쳐야 했고 첩보원(?) 노릇도 해야 했다. 그랬던 박문숙 여사는 다음과 같이 회고한다.

그 사람이 제일 먼저 연행됐을 때 용산경찰서에 가서 난리를 치니까 고○○ 검사 방에서 면회를 시켜 주더라. 그이가 자꾸 고무신을 벗었다 신었다 하며 눈짓으로 아래를 가리키더라. 내려다보니 조그만 쪽지 하나가 신발 속에 있었다. 내가 운동화 끈을 매는 척하며 집어 들고 나왔다. '조사 방향이 (삼민투 배후 색출이 아니라) 민청련 전체에 대한 탄압으로 가는 것 같으니 김근태 의장이 피신하는 게 좋겠다'는 내용이었다(《한국일보》 2003. 12. 18).

두 딸은 아버지의 얼굴을 제대로 볼 틈도 없이 자랐다. 그리고 아버지의 형극은 이른바 민주화가 진행돼도 끝나지 않았다. 김병곤 최후의 구속은 1987년 대통령 선거 부정투표함 의혹이 불거진 구로구청 농성사건 때였다. 부정투표가 맞다고 해도 대세에는 변동이 없었을 테지만 그냥 보아 넘길 수 없었던 그는 현장에 남기로 결정한다. 출소한 지 얼마 되지도 않았을 때였다.

그 옥살이에서 김병곤은 병을 얻는다. 위암이었다. 계속 소화가 안 되고 배에서 뭔가 잡히는데도 교도소 의사는 소화제만 주었다고 한다. 병의 정체를 알았을 때는 이미 늦어 버렸다. 1990년 12월 6일, 그는 평생 몇 번 안아보지도 못했을 두

딸과 아내를 남기고 세상을 뜬다. 문익환 목사는 고인의 아내에게 이렇게 편지를 쓴다.

그가 아무리 훌륭한 사람이라 해도 그의 이 점만은 버려야 지 할 게 있다고 생각되세요? 저는 그걸 터럭만큼도 찾을 수 없었습니다. 김병곤 씨는 머리카락 한 올까지 내 속에 내재화돼 있습니다(문익환, 〈박문숙 여사께〉).

문익환 목사님도 그런 마음이었겠지만 김병곤이 얼마나 훌륭한 사람이었는지를 가장 잘 알고, 또 그의 삶을 '내재화'시켜 이후를 살아 내야 했던 사람은 다름 아닌 아내 박문숙이었을 것이다. 남편이 세상을 떠날 당시 경실련 사무국장 직함을 맡고 있던 아내는 이후로도 남편이 살아 내지 못한 세월을 살며 하지 못한 일을 이으려고 애썼다. 얼마전까지 사단법인 녹색환경운동 이사장을 맡고 있었는데 그 역시 2014년 4월 세상을 달리했다. 역시 남편과 같은 병, 암이었다. 병이 알려진 뒤에 후배들이 돕기 모임 같은 걸 만들려고 하면 완강히 막았고 조용히 남편의 뒤를 따라갔다고 한다.

## 사랑을 넘어선 사랑

세상에는 많은 사랑이 존재한다. 죽고 못사는 사랑도 있고 아름다운 사랑도 또는 추한 사랑도 있다. 사랑보다는 욕심이나 집착 같은 것일 수도 있고 이뤄지지 않는 짝사랑도 있을 것이다.

하지만 우리 역사에는 부창부수 혼연일체가 되어 자신의 가족 테두리를 넘은 더 큰 사랑을 실천한 사람들이 많다. 이 부부도 그랬다. 유신 선포 앞에서 "이건 아니다. 사생결단을 내야 한다"며 땅을 치고 통곡하던 정의로운 남자, 사형 구형을 영광으로 받아들인 상남자와 그를 일생 동안 사랑했던 여자의 이야기는 그렇게 끝났다. 군부독재를 대물림하지 않겠다며 분연히 일어서고 그 뒤에서 이를 악물던 두 사람을 추억하는 것은 슬픈 일이다. 그 와중에 우리는 국정교과서를 대물림하려는 현실 앞에 서 있다.

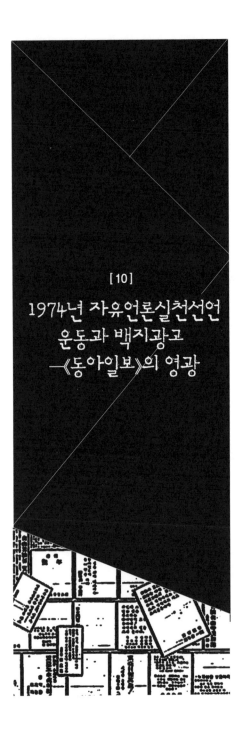

[10]

# 1974년 자유언론실천선언
# 운동과 백지광고
# —《동아일보》의 영광

## 눈, 귀, 입, 모두 막은 긴급조치

이른바 '조중동'이라 하여 3대 보수 일간지를 지칭하지만 사실 요즘 세상에서 큰 축은 《조선일보》와 《중앙일보》다. 《동아일보》의 이름은 조선과 중앙에 비해 울림이 적다. 《동아일보》를 폄하하려는 것이 아니라 격세지감을 표하기 위해서다. 많이도 말고 20년 전만 돌아보아도 《동아일보》는 지금의 《동아일보》가 아니었고, 조금 더 시간을 거슬러 올라가자면 실로 오랫동안 《동아일보》는 한국의 대표 신문이었다. 동아일보사는 글자 그대로 한국의 현대 언론사라고 해도 과언이 아닐 것이다. 1920년대 의열단의 활약을 호외까지 내 가며 보도한 신문이었고 일제 총독부에서 시비를 걸지 않고 잠잠히 지나가는 날이 길면 기자들이 우리가 일을 못하고 있는 것은 아닌가 불안해하던 신문이었다. 강원도 깡촌에 살던 한 젊은이는 《동아일보》에 연재되던 이광수의 소설 〈흙〉을 보고 변호사를 꿈꾸었다가 후일 방향을 돌려 대기업가가 되니 그가 현대그룹 창업주 정주영이었고 청소년 필독서라 할 〈상록수〉가 세상에 나온 건 《동아일보》 창간 15주년 현상공모를 통해서였다. 이외에도 한국 현대사에서 《동아일보》의 깃발은 무시로 펄럭이고 도처에서 나부낀다. 왕년에는 5대 일간지라는 표현을 주로 사용했었는데 그 가운데 단연 우위는 《동아일보》였다. 그 《동아일보》에서 1974년 10월 24일 그 이름값을 천하에 드날리는 사건이 발생한다.

1974년은 긴급조치와 함께 열렸다. 긴급조치 1호는 이렇게 시작한다.

대한민국 헌법을 부정, 반대, 왜곡 또는 비방하는 일체의 행위를 금한다, 대한민국 헌법의 개정 또는 폐지를 주장, 발의, 청원하는 일체의 행위를 금한다.

사실상의 민주주의 사망 선고문이었다. 이를 위반하면 징역 15년까지도 각오해야 했다. 여기까지도 일부 이해할 수 있다고 할 수도 있을 것이다. 그러나 같은 해 4월에 발표된 긴급조치 4호는 박정희 대통령이 정말로 이상해졌구나 생각이 들게 만들었다.

민청학련과 이것에 관련한 제 단체의 조직에 가입하거나, 그 활동을 찬동, 고무 또는 동조하거나 그 구성원에게 장소, 물건, 금품 그 외의 편의를 제공하거나 그 활동에 관한 문서, 도서, 음반, 그 외의 표현물을 출판, 제작, 소지, 배포, 전시, 판매하는 것을 일제히 금지한다. 이 조치를 위반한 자, 이 조치를 비방한 자는 영장 없이 체포되어 비상군

법회의에서 사형, 무기 또는 5년 이상의 징역형에 처한다.

즉 영장 따위의 번거로운 절차 없이 사람을 데리고 가서 심하면 죽여 버릴 수도 있다는 뜻이었다. 엉뚱한 얘기지만, 대한민국과 조선민주주의인민공화국 사이에는 결정적인 차이가 존재한다. 냉전 와중에 형성된 기형적인 절대권력 앞에서 대한민국 국민들은 저항했지만 조선민주주의인민공화국 백성들은 굶어 죽어가면서도 별 저항을 하지 못했다는 것이다. 개인적으로는 그 차이가 오늘날의 남과 북의 격차를 낳았다고 본다. 각설하고, 그토록 험악하고 살기등등하며 광기마저 엿보이는 긴급조치 앞에서도 저항의 팔뚝은 꺾이지 않았다.

여차하면 사형을 시킨다는데도 서울의 대학가는 데모가 끊이지 않았고, 21세기에도 그 위력이 여전한 가톨릭의 신부님들은 시대의 양심이자 악으로부터의 방파제가 되어 유신독재에 맞섰다. 이 모두가 대문짝만하게 실릴 만한 기삿거리였지만 언론은 그걸 마음대로 싣지 못했다. "(반정부) 활동에 관한 문서, 도서, 음반, 그 외의 표현물을 출판, 제작, 소지, 배포, 전시, 판매하는 것을 일제히 금지"하는 긴급조치가 시퍼렇게 살아 있는데다 기관원들이 언론사 내부에 수시로 출입을 하고 있었으니 무슨 말이 더 필요할까.

## '데모' 기사 한 줄에 편집국장 연행, 분노한 기자들

아무리 세게 쥐어도 모래는 흘러나오는 법, 끔찍하게 싫어하는 시위 보도가 찔끔찔끔 신문에 게재되자 유신정권은 행동으로 나섰다. 서울 농대생 데모 기사를 구실로 10월 23일《동아일보》편집국장 송건호와 방송 뉴스·지방부장 등 3명을 중앙정보부가 연행해 간 것이다. 사실 기사를 실었다고 중앙일간지의 편집국장이 끌려가는 사태에 기자들은 분노했다.

다음날 오전, 광화문 네거리의 유서 깊은 동아일보사 빌딩에 기자들 2백 명이 집결했다. 마침 10월 24일은 'UN데이'로 휴일이었다. 출입처에 따로 갈 필요가 없었던지라 일단 모이

**언로가** 막힌 나라는 피가 돌지 않는 나라와 같다. 말하지 못하면 가슴에 맺히고, 맺힌 것들은 멍울이 되고, 멍울들은 마침내 터져 쏟아져 내릴 수밖에 없다. 가장 극악했던 체제 하에서도 터져 나왔던 자유언론 만세의 성. 한국 언론사의 자긍이요 명예였다. 지금은 그를 기리기조차 버거운 '기레기'의 시대가 만개했다고는 하지만.

는 것은 어렵지 않았다. 경찰서 등지에 나가 있던 인원들도 연락을 받고 달려왔다. 그들의 눈에 보이는 것은 기둥에 큼직하게 나붙은 붓글씨였다.

"자유언론실천선언".

그리고 9시 15분 《동아일보》 기자들은 한국 언론이 아직 죽지 않았음을, 죽인다고 대들어도 죽을 수 없음을, 앞으로는 절대로 죽지 않을 것임을 맹약하는 선언문을 읽어 내린다.

우리는 오늘날 우리 사회가 처한 미증유의 난국을 극복할 수 있는 길이 언론의 자유로운 활동에 있음을 선언한다. 민주사회를 유지하고 자유국가를 발전시키기 위한 기본적인

**장시간** 노동에 시달리던 시내버스 안내양들은 그 황금 같은 휴일에 신문팔이를 해 번 돈으로 광고란을 샀으며 ……. 다 해진 양말에 허름한 작업복을 입은 50대의 막벌이꾼은 "《동아일보》를 위해 성금을 내는 것이 아닙니다. 나 자신을 위해서 내는 것입니다"라며 꼬깃꼬깃 접은 돈을 내고 갔다. 역시 허름한 차림의 한 노동자는 급한 마음에 택시를 타고서 운전사에게 《동아일보》에 격려광고 내러 간다고 했더니 운전사가 한사코 요금을 안 받더라며 광고를 접수시키다가 울음을 터뜨렸다고 한다 (《한겨레신문》 2012. 11. 23).

사회기능인 자유언론을 어떠한 구실로도 억압할 수 없으며 어느 누구도 간섭할 수 없는 것임을 선언한다. 우리는 교회와 대학 등 언론계 밖에서 언론의 자유회복이 주장되고 언론인의 각성이 촉구되고 있는 현실에 대하여 뼈아픈 부끄러움을 느낀다.

창간 이후 《동아일보》가 발한 빛 가운데 가장 컸던, 그리고 가장 마지막이었던 광휘가 《동아일보》의 창문을 뚫고 전국으로 퍼져 나갔다. 1974년 10월 24일은 21세기의 《동아일보》로서는 상상할 수 없는 영광의 날로 남는다.

박정희 정권은 당황했다. 믿는 도끼까지는 아니었어도 부뚜막의 소금 정도로서 필요할 때 국에 집어 넣으면 되는 존재로 치부했던 언론 종사자들이 이렇게 자유 타령을 하면서 고개를 쳐들고 집단으로 반항하다니. 그렇다고 명색이 자유를 억압하는 빨갱이들에 대항한다는 민주공화국 정부 체면에 일제강점기부터 내려온 전통의 신문 《동아일보》를 대놓고 짓밟기도 애매한 측면이 있었다. 그런데 보자보자 하니 문제가 심각했다. 그때껏 알아서 차단되어 왔던 정보가 봇물 터지듯 지면을 장식하는 게 아닌가. 예나 지금이나 꼼수 하나는 세계 어디 내놔도 꿀리지 않을 대한민국 정부는 가공할 만한 꼼수 하나를 창안해 낸다.

# 광고 금지 꼼수에 백지광고 맞불

1974년 12월 26일 《동아일보》 독자들은 경악을 금치 못한다. 신문지면의 상당부분을 차지하던 광고란들이 텅텅 비어 운동장같이 휑해 보이는 신문이 배달된 것이다. 광고주들이 "아무 것도 묻지 말아 달라"며 광고판을 회수해 간 결과였다. 수십 년 거래해 온 기업들도, 광고국과 유난한 인연을 맺어 온 이들도 모두 고개를 저었다. 사람들은 대번에 낌새를 알아차렸다. 저 텅 빈 신문을 만든 것이 누구였는가를. 그리고 혀를 찼다. 하다하다 별 짓을 다하는구나.

이튿날 《동아일보》 3면 광고란에는 시민들의 가슴에 불을 지르는 봉화 같은 광고가 실린다. '민주시민'들의 광고 게재를 부탁하는 '《동아일보》 신문광고PR 1'이었다. 이 봉화에 처음으로 호응한 것은 역시 천주교 정의구현사제단이었지만 터진 물꼬 뒤로는 해일 같은 광고의 홍수가 밀려들었다. 역시 대한민국은 민주공화국이었다. 대개 공화국이 공화국임을 증명하는 것은 그 정부가 아니라 그 국민이다.

"동아! 너마저 무릎 꿇는다면 진짜로 이민 갈 거야!"라고 선언한 이대 S생부터, "《동아일보》 배달원임을 영광으로 생각합니다"라고 외치는 배달원 15인까지, "존경하는 삼천만 배달민족이여 권력과 악질 재벌들에 대항하여 우리 국민의 선두에서 정의를 위해 싸우는 동아를 구하는 데 모두 일어납시다. 그리고 권력의 앞잡이나 하고 재벌의 돈이나 받아먹는 다른 신문이나 방송은 구독이나 청취를 하지 맙시다"라고 부르짖은 강경파부터 "배운 대로 실행하지 못한 부끄러움을 이렇게 사죄하나이다"라고 고백한 소심파까지, 대한민국 장삼이사들의 광고 행진이 이어진 것이다.

광고주들이, 아니 그들 머리 위에 선 정권이 밀어 버린 백지 위에서 공화국의 시민들의 난장이 벌어졌다. 그들의 광고를 보면서 기자들은 꺽꺽거리며 울었고, 시민들은 자신들과 똑같은 처지와 생각의 누군가가 실은 광고 문구에 공감하며 소매로 눈물을 훔쳤다. 요즘 말로 "더 이상은 쫄지 않겠다"는 선언들의 퍼레이드였고, "대한민국의 모든 권력은 국민으로부터 나온다"는 헌법의 생생한 의인화였다.

## 저항은 유전된다

물론 그 눈물겨운 광고의 홍수는 백일천하에 그쳤다. 사측은 1975년 3월 8일 경영난을 이유로 부서를 폐지하고 18명을 전격 해임했고 이에 항의하여 송건호 편집국장이 사표를 제출하고 기자와 아나운서들이 제작 거부로 맞서자 130명의 기자, 프로듀서, 아나운서들을 해고하는 칼바람을 일으킨 것이다. 모난 돌은 정을 맞았고 나선 사람은 다쳤다. 그 정에 머리가 깨진 '돌'들은 많았고, 자상·타박상·정신적 외상 골고루 입은 돌들도 부지기수였다. 하지만 저항의 짜릿함은 일종의 마약처럼 그들의 골수에 스며들고 유전처럼 전이된다. 백지 광고에 저항했던 기자들이 다시 한 번 어깨를 걸었고,《동아일보》성원 광고를 낸 사람들과 그 후대가 그들을 떠받치고 일어섰을 때《한겨레신문》이 창간된 것은 그 한 예일 뿐일 것이다.

1974년 말미를 장식한 백지의 향연. 그리고 그 백지를 스스로 채워 간 국민들의 드라마는 우리 현대사가 기억해야 할 아름다운 장면 베스트에 반드시 들어갈 것이다. '먹고살기'가 지금보다 힘들면 힘들었지 결코 녹녹하지는 않았던 시절, '먹고살기 힘든' 시민들과 그때만 해도 처우가 일반 직장보다 낫다고는 볼 수 없던 기자들의 동맹 깃발이 미려하게 펄럭인 셈이었다.《동아일보》에 밀려든 나의 할아버지, 아버지, 삼촌, 선배들의 글자 한 자 한 자를 다시 읽어 본다. 여러 갈래의 생각이 종횡으로 엇갈린다. 참 그때는 먹고살기 힘들었는데, 보릿고개도 면한 지 얼마 안 되었는데, 대통령 욕을 하면 징역살이를 몇 년을 할지 모르는 시대였는데, 그들은 그렇게 했었구나. 사람들은 그렇게 했었구나.

1941년 1월 미국 대통령 프랭클린 루즈벨트는 연두교서에서 네 가지 자유에 관해 이야기한다. 종교의 자유, 공포로부터의 자유, 기아로부터의 자유에 앞서서 그가 가장 먼저 내세운 자유는 바로 "언론과 의사 표현의 자유"였다. 이 자유를 누리지 못하는 이가 어찌 자신의 신을 찬미할 수 있으며 배고 프다고 보챌 수 있으며 공포에 맞설 용기를 가질 수 있겠는 가. 《동아일보》백지광고 사태는 바로 긴급조치라는 공포 속에서, 민주주의 따위는 밥 먹고 하자는 유혹을 넘어서, '유신만이 살 길이다' 는 그릇된 신앙을 물리치고 피어난 언론의 자유였다. 그를 실현시키고자 하는 언론인과 공화국의 시민들이 힘 합쳐 가꾼 백합꽃이었다. 시인 고은이 이렇게 노래한 것처럼.

우리는 알고 있노라 동아가 우리의 것임을

우리나라의 겨울 산 능선과 벌판이

우리의 것임을 알고 있으며

어느 시대의 권좌가 우리의 것이 아닐지라도

동아는 우리의 것임을 알고 있으며

동아가 동아 이상의 것임을 알고 있노라

동아의 취재자는 우리 자신이며

동아의 편집자는 우리 자신이며

동아의 텅 빈 광고야말로 우리 자신의 아우성임을 알고 있노라

......

......

우리는 죽어도 죽지 않으며 우리는 우리의 의와 사랑의 자

손으로서 세세생생 살아있노라

동아여, 동아여, 동아여, 동아여, 고난의 동아여

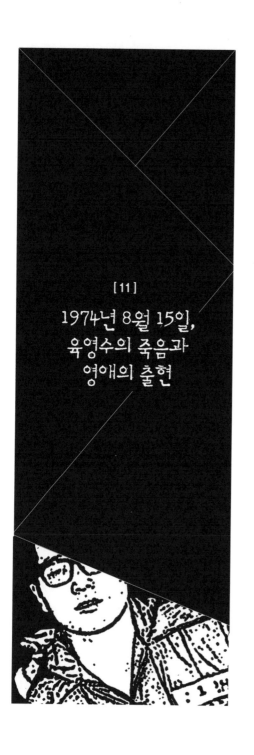

[11]

1974년 8월 15일,
육영수의 죽음과
영애의 출현

## 문세광과 육영수

1974년 8월 15일 광복절이었다. 그해 광복절에는 경사가 하나 더 있었다. 1호선 지하철이 일부 완공됨으로써 서울의 지하세계(?)에 혁명이 일어났던 것이다. 서울역에서 청량리까지를 달렸던 지하철의 탄생은 당연히 장안의 화제였고 대통령이 그 '시승식'을 거행하는 것은 더욱 응당한 일이었다. 당시 사진을 보면 양복을 입은 이들이 모두 서 있는 가운데 대통령 혼자서만 자리에 홀로 앉아 감회에 젖어 있는 듯한 모습이 나온다.

이때 시간이 11시 10분경. 그러나 각하의 머릿속에는 정말 별의별 생각이 다 지나갔을 것이다. 바로 40분 전 자신의 아내가 광복절 기념식장에서 머리에 총을 맞고 병원으로 실려 갔던 것이다.

육영수 여사가 총에 맞아 혼수상태로 실려 나간 후, 물 한 잔 마시고 "하던 얘기 계속하겠습니다"라며 끝까지 광복절 기념사를 읽어 내려가던 모습은 박정희 대통령을 숭배하는 이들에게는 일종의 신화가 되어 있거니와, 그 난리를 치르고도 바로 지하철 개통식에 참석해서 홀로 좌석에 앉아 있는 풍경은 많은 상념을 불러일으키고도 남음이 있다. 진위를 의심

한국사를 지켜라 ❷
대한민국이 유신공화국이었을 때

하는 의견도 있으나 육영수 여사를 쏜 사람은 재일교포 문세광이었다. 범인의 윤곽이 드러났을 때 박정희 대통령은 무슨 생각을 했을지 궁금하다. 어쩌면 문세광을 불러들인 것은 바로 그 자신일 수 있기 때문이다.

## '김대중 납치사건', 문세광을 부르다

육영수 여사가 흉탄을 맞기 꼭 1년하고도 1주일 전, 1973년 8월 8일 일본에서는 전대미문의 일이 발생했다. 중앙정보부 요원들이 일본의 호텔에서 김대중을 납치하는 사건이 벌어진 것이다. 어디 야쿠자를 시킨 것도 아니고 한국 외교관 신분의 요원들이 가세한 치밀한 계획이었다.

　박정희 대통령이 이를 알았다고도 하고 몰랐다고도 하지만 개인적인 생각으로는 절대권력을 휘두르면서 그 아랫사람들을 손바닥 위에 올려 놓고 충성 경쟁을 즐기던 박정희 대통령이 이 사실을 몰랐다고 하는 것은 말이 되지 않는다고 본다. 그가 이후락 중앙정보부장에게 불같이 화를 냈다면 이런 식이 아니었을지.

　"이런 일 하나 똑똑히 처리하지 못하고 말이야!"

　한국에서야 무슨 애국단체 회원들이 납치해서 집에 데려다 놨다면 그만이었고, 시끄럽게 굴면 긴급조치 위반으로 잡아 넣으면 끝이었겠지만 문제는 납치가 벌어진 장소가 일본이라는 점이었다. 일본 정부도 정부였지만 일본의 여론은 한국을 무슨 야만족쯤으로 취급하고 있었다.

하기야 야만족 소리 백번 들어 마땅한 일이었다. 남의 나라에서 자국의 망명객을 자국의 정보요원들이 자루에 넣어 납치해서 본국으로 데려오는 짓을 저지르는 나라를 문명국이라고 할 수는 없지 않은가. 가뜩이나 조센징 소리에 지긋지긋한 재일교포 사회는 당연히 위축될 수밖에 없었다.

"어이 조센징, 긴다이쭈(김대중)를 어떻게 그렇게 할 수 있냐?"

"나는 강꼬꾸징(한국인)이라고!"

"그래 강꼬꾸징. 강꼬꾸는 어떻게 그렇게 할 수 있냐고. 응?"

문세광은 조총련 아닌 우익계 재일교포들을 대변하는 거류민단 소속이었다. 정부에 따르면 골수 공산주의자로서 민단 분열을 꾀하려 위장가입한 것이라고 했다. 어느 쪽이든 문세광은 거류민단 단비 수금원부터 휴지 수집상, 유리창 청소 등 궂은일을 하며 생계를 유지했던 평범한 재일교포였다. 그는 김대중 납치사건에 격노했던 재일교포 중 하나였고, 김대중 구출을 위한 단체에서 활동하게 된다. "한국 영사관을 점거하고 그 직원들을 인질 삼아 김대중과의 교환을 요구하자"는 극단적인 발언도 서슴지 않으면서 말이다. 그가 골수 공산주의자였다는 한국 당국의 말이 맞다고 해도 아내와 자식을 먹여 살리기 위해 험한 일 마다 않고 일하던 그를 권총 찬 암살

자로 만든 가장 큰 계기는 김대중 납치사건이었음을 부인하기는 어려울 것이다.

어쨌건 그는 많은 의혹 속에 74년 8월 15일 육영수 여사를 저격한다. 빌린 외제 고급 승용차를 타고 그 삼엄한 기념식장에 비표도 없이 들어가서는 연단을 향해 총을 쏘았다. 육영수 여사는 이날 세상을 떠났다. 청와대 내 야당으로 불리며 박정희 대통령에게 할 말은 했다는 영부인, 그래서 청와대 내부에서 '육박전'이라 표현되는 부부싸움을 자주 벌이기도 했으며, 소외된 사람들에게 관심을 보여 주어 인기가 높았던 영부인은 그렇게 남편과 이별한다.

이해가 안 가는 일은 한두 가지가 아니었다. 60년대 말에는 북한의 게릴라 침투가 신문 지면을 큼직하게는 차지하지 않을 만큼 일상이었고 김신조의 124군부대 이외에도 1970년의 현충문 폭파기도사건 등 남한의 국가원수를 직접 노리는 일이 지속됐다. 그런데 8·15 기념식장에 일본 여권을 소지한 젊은이가 단지 외제차를 타고 왔다는 이유로 기본적인 검색도 받지 않고 8·15 기념식장에 들어갈 수 있었다는 사실은 예나 지금이나 고개를 갸우뚱하게 한다. 그러나 우리가 익히 보듯 '이해할 수 없는' 일들은 종종 벌어진다.

## 영애 박근혜, '퍼스트레이디' 되다

그 뒤 여러 가지가 바뀐다. 일단 김대중 납치사건 이후 완전히 수그리고 지내던 일본과의 관계가 역전됐다. 처음에는 재일한국인의 범죄로서 사과할 일 없다고 딱 잘라 버린 일본 정부였지만 "일본에서 자란 미국인이 일본 여권을 가지고 미국에 가서 미국 대통령을 쐈다면 일본 정부가 그럴 수 있겠느냐"며 거세게 대드는 한국을 아예 무시할 수는 없었고, 박정희 대통령은 "일본 폭격"까지 입에 담았다. 결국 일본은 진사사절 시나 에쓰사부로를 한국에 파견했고 그는 박정희와 면담 이후 다음과 같은 말로 그 분위기를 전했다.

**'자이니치'로** 태어나 살다가 모국의 대통령 암살 미수 및 영부인 살해범이 되기까지 문세광의 삶 역시 역사의 틈바구니에서 간신히 얕은 뿌리 내리고 살던 들풀 같은 존재였다. 한일 양국은 100일이 넘도록 문세광 관련 수사를 했지만 결론은 하늘과 땅 차이였다. 한국은 조총련과 북한의 사주에 의한 것이라는 결론을 내렸지만, 일본은 '남한혁명을 위한 망상'에 사로잡힌 소영웅주의자의 단독범행으로 보았다.

"이런 모욕은 평생에 처음이오."

그리고 하나 더. 이후 한국 역사의 분수령이 펼쳐진다. 프랑스에 유학 중이던 '영애'가 모친의 비극을 맞아 급거 귀국했고, 학업을 작파하고는 청와대의 퍼스트레이디 배역을 맡기 시작한 것이다. 이때 '영애'가 귀국하면서 물은 것이 "휴전선은 이상 없습니까?"였다고 한다(2015년 김연아를 제치고 체육 영웅이 된 김운용의 회고에는 그렇게 나온다. 많은 이들은 10·26 운명의 그날에도 영애는 그렇게 물었다고 한다). 문세광은 전혀 예기치 않았겠지만 한국 현대사의 한복판으로 '영애'를 불러들인 것이다.

역사적 사건들은 중구난방으로 흩어져 있는 듯 보이지만 사실은 얽히고설키든 단단하게든 서로 이어져 있다. 1971년 대통령 선거에서 박정희 대통령은 김대중 후보의 도전에 혼쭐이 났고 그를 평생의 적수로 낙인찍었다. 일본에서 망명 정객으로 민주화운동을 펼치던 김대중을 중앙정보부가 나서서 납치해 왔다면 (또는 죽이려 했다면) 그 정치적 증오의 크기를 짐작할 수 있을 것이다. 하지만 이 만행은 재일한국인 사회에 균열을 가져왔고 거류민단 단비 수금원으로 살던 청년을 극렬한 암살자로 돌변하게 했다. 문세광 자신이 마지막 유언으로 "나는 바보였다"고 뇌까렸다고 하거니와 그를 바보로 만든 것은 다름 아닌 박정희 대통령과 한국 정부였다. 그렇게 부인을 잃은 대통령은 퍼스트레이디로서 '영애'를 불러들였고 그녀가 청와대에 머물렀던 5년은 수십 년 뒤 대한민국 대통령 자리를 차지하는 데 절대적인 영향을 끼친다. 김대중 전 대통령이 "정치는 생물" 같아서 어떻게 움직이고 어디로 튈지 모른다고 했지만 역사도 그렇다. 오늘 우리가, 또 누군가 한 행동이 내일의 역사를 어떻게 바꿀지, 어떤 변화의 계기가 될지는 아무도 모르는 것이다.

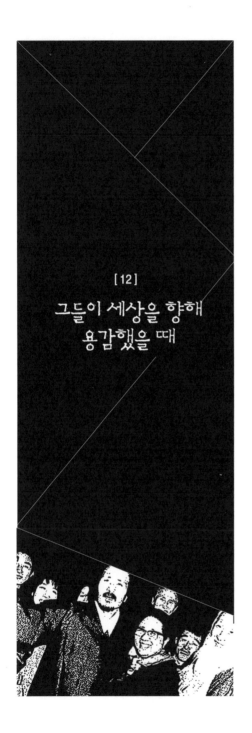

[12]

그들이 세상을 향해
용감했을 때

## '학생선동' 죄목으로 법정에 선 교수

유신 시대를 이야기하다 보면 한숨이 절로 난다. 1961년 5월 16일 새벽 한강다리를 건너 쿠데타를 성공시켰던 이가 또 한 번 헌정을 유린하고, 그 이름도 왜색 가득한 유신을 선포한 후 등장했던 폭압과 질식의 시대에 철모르는 어린아이였다는 것이 얼마나 다행스러운지 모른다. "하늘이여 이래도 됩니까?"라고 물으며《사기》를 썼다는 사마천처럼 비장하게는 아니더라도 이런 일이 "대한민국은 민주공화국이다"라는 헌법 1조를 가진 나라에서 벌어질 수 있었다는 자체가 비통하게 신기하고 괴롭도록 새롭다.

그러나 찜통 속인 양 답답하면서도 한줄기 강바람처럼 뇌리를 식혀 주는 사실은 그 암흑의 시대에도 참으로 감동적인 저항은 끊이지 않았고, 의로운 사람들의 폐부를 찌르는 말과 행동의 흐름은 멈춘 적이 없다는 것이다. 유신헌법을 비판만 해도 최고 사형까지 내릴 수 있는 전제왕조의 왕법과 같은 법이 시행 중이었고, 실제로 인혁당사건 관련자들은 대법원 판결 다음날 사형대에 목이 매달렸지만 그 공포 분위기 속에서도 어떤 사람들은 "비겁한 자 물러서나 용감한 자 굳세게" 유신에 맞서고 있었다.

중앙정보부원이 전달한 메모를 보고 판사가 방망이를 두드리던 시절, 학생들은 선동했다는 죄명으로 법정에 끌려온 한 교수는 이런 감동적인 최후 진술을 했다.

…… 이 법은 아무리 지키려 하여도 지킬 수 없는 법이라고 봅니다. 나를 풀어주시어 밖에 나가도 유신을 반대하다가 또다시 붙잡혀 올 것이 명백한 터에, 어찌 무죄 석방으로 이 자리를 면하게 되기만 바라겠습니까? 들락날락하지 않고 그냥 눌러 있는 것이 본 피고인이 원하는 바라고 하겠습니다. 그런고로 무슨 죄를 주셔도 불평 없이 감수할 것이니 염려 마시기 바랍니다(한승헌, 〈유신에 소신으로 맞선 두 교수〉).

작게는 판사에 대한 경멸이었고 크게는 터무니없는 죄명으로 재판정에 그를 세웠던 정권에 대한 조소였다. 요즘처럼 웬만하면 집행유예로 풀려 나올 분위기도 아니었고, 평생을 감옥에서 썩어야 할지 모르는 공포 앞에서 윗도리 걷어 올린 배짱이었다. 모르긴 해도 요즘 말썽 많은 대법관 정도는 역임하지 않았을까 싶은 충성스런 판사는 그 교수에게 계획 살인범에게나 내릴 법한 15년형을 내렸다. 말이 15년이지, 그건 박정희가 한강 다리 건너 온 뒤 죽음을 맞이하기까지의 세월과 3년밖에 차이 나지 않는다.

# 징역 15년에 "하느님 감사합니다"

말도 안 되는 징역 15년을 선고 받고도 교수는 태연했다. 오히려 실실 웃으며 항소마저 포기했다. 15년 동안 감옥에서 썩겠다는 것이었다. 그의 말대로 어차피 다시 들어올 감옥이라면 30년인들 의미가 있으랴. 그 넉넉함에 교수의 누나가 화답했다. 그녀는 너털웃음을 터뜨리며 동생의 징역을 감축했다. "으하하 ……. 하나님은 살아계시다."

이 영화 같은, 아니 영화보다 더 감동적인 장면은 천재적인 시나리오 작가라도 상상 못할 것이었다. 이런 장면을 실제로 연출한 이는 바로 연세대학교 사학과 교수 김동길이었다. 그리고 그 누나는 이화여대 총장을 지낸 김옥길이었다.

김동길 교수의 자랑스러운 수염이 어느 세월에 황당한 변절의 상징으로 화했는지를 굳이 되뇔 필요는 느끼지 않는다. 고 정주영 회장의 세월에 어떻게 얽혀 형님 동생 하다가 참담한 배신의 노래를 목 놓아 불렀는지를 짓궂게 기억하고 싶지도 않다. 어느새 그가 그토록 여유있게 맞서던 폭압의 정치 체제를 요순 세월로 추앙하는 이들의 대표선수가 되어 21세기를 살아가고 있음을 기어코 상기시킬 마음도 없다.

내가 애써 갈무리하고 싶은 것은 지금은 상상하기도 어려운 공포의 시대, 그 공포에 능글능글하게 맞서며 "재판장님 이게 뭡니까?"라고 되묻던 어느 대학교 서양사학과 교수의

한국사를 지켜라 ❷
대한민국이 유신공화국이었을 때

용기일 뿐이다. 그가 어떻게 변했는지를 애써 재연해야 할 까닭이 있을까. 어디 그뿐이랴. 조상의 친일 경력을 숨길 수는 없었지만 그 재산을 털면서 민주화운동을 지원했던 전직 대통령 윤보선도 80년 5월 광주 후 전두환 대통령에게 머리를 숙였고, 《동아일보》 주필을 지내며 정론직필의 상징이었던 천관우도 전두환 휘하에서 민족통일중앙협의회라는 관변단체의 회장 직함을 '하사' 받았다. 《동아일보》 기자로 용감한 기사 하나를 실었다가 중앙정보부에 끌려가서 그 상사가 얼굴을 못 알아 볼 정도로 고문을 당했던 최시중 전 방통위원장도 있었다. '김대중을 살리려고 한 고육지책이었다'고는 하지만 강원룡 목사도 전두환 앞에서 머리 조아리며 국정자문회

**1975년** 2월 형집행정지로 풀려나는 연세대학교 사학과 김동길 교수의 모습이다. 그를 환영하는 사람들의 면면이 낯익다. 함석헌 선생이야 말할 것도 없고 누나 김옥길 총장 뒤 얼굴이 보이는 분은 계훈제 선생, 그리고 사진 오른쪽에는 한승헌 변호사가 버티고 서 있다. 그로부터 40년. 저기 계신 분들의 삶의 갈래는 다양하였으나 저날의 기억은 다들 가지고 살고 있거나 품고 가셨으리라.

의 위원 임명장을 받아야 했다.

## 어제의 용기와 오늘의 변절자

그들이 어떻게 변했는지를 일일이 기억하지 않을 것이다. 백년도 못사는 인간, 마누라 생일도 제대로 기억 못하는 빈약한 두뇌에 그들이 어떻게 변했고 또는 본의 아니게 변해야 했고, 혹자는 아직도 살아남아 어떤 추태를 보이고 있는지를 집어넣을 깜냥이 마련되지 않은 탓이다. 그들의 아름다운 과거만 해도 기억하기에 벅차고, 떠올리기에 힘겹다. 무엇 때문에 그들의 아름답지 못한 후일까지 곱씹으며 '인간들 별 수 없다'

'노래를 찾는 사람들' 공연의 포스터에 등장했던 기묘한 단체 사진. 그 뜻이 무엇인지는 정확히 모르지만 이른바 '민주화운동 관련 인사 단체 사진'을 찍어도 이런 모양이 나오지 않을까 생각해 본 적이 있다. 한때 쟁쟁하다 못해 우상으로까지 여겨졌던 이들이 세월 속에서 기이할 정도로 괴상하게 또는 극단적으로 변해 버렸다. 타는 목마름은 목마른 취객의 주정이 돼 버렸고 전설들은 봄날의 잔설殘雪처럼 드문드문 남아 있을 뿐. 그러나 기억해야 할 것이다. 끝날 때까지 끝난 건 아니지만 결과가 거시기하다고 과거까지 거시기한 것은 아니다.

고 탄식해야 하는가. 지금 내가 사는 모습이 그들의 아름답던 지난날에 훨씬 미치지 못할 바에야. 그리고 그들의 변신을 따를 마음도 능력도 없는 바에야.

그리스의 현자 솔론은 리디아의 왕 크로이소스에게 "누구든 죽을 때를 보라. 그때 행복하게 눈을 감는 자가 행복한 자이다"라고 가르쳤다. 돌려 말하면 그가 죽어 관이 나갈 때 뭇사람들의 칭송을 받는다면 그는 행복한 사람이라 할 수도 있을 것이다. 그러나 그럴만한 사람이 드물다면, 대개 사람들은 망자의 좋았던 시절을 되새기며 그 시절 그가 뿌린 영향을, 그가 전달했던 힘을, 그가 보여 준 감동을 회상하게 될 것이다. 그가 죽을 때 어떠했는지를 한사코 지적하는 것이 무에 그리 즐거울 것인가.

나는 지금보다 30년은 젊었던 시절, 대담했던 김동길 교수를 마음속에 저장한다. 그 순간, 그는 지구상에 누구도 따르지 못할 용기와 여유의 상징이었다. 그가 어떻게 변했든 과거는 지워지지 않는다. 국회의원 신지호가 어느 정도로 악랄하게 과거를 부정하는가를 모르지 않으나 나는 그가 "당신은 아직도 혁명을 꿈꾸는가?"를 물었던 진지한 필자로서의 그를 지우지는 않을 것이다. 누구보다 명석했고 누구보다 뜨거웠던 젊은날의 김문수도 그의 오늘이라는 페인트로 덧칠해 버리지는 않을 것이다. 왜냐고? 그의 오늘은 실망스럽다 해도 그의 과거는 그만의 것이 아니니까. 그의 변절이 실망스럽다 해도 변절 이전은 그만의 것이 아니니까. 그리고 가장 결정적으로 그의 변절이 그의 과거만큼의 가치가 있는 것은 아니니까.

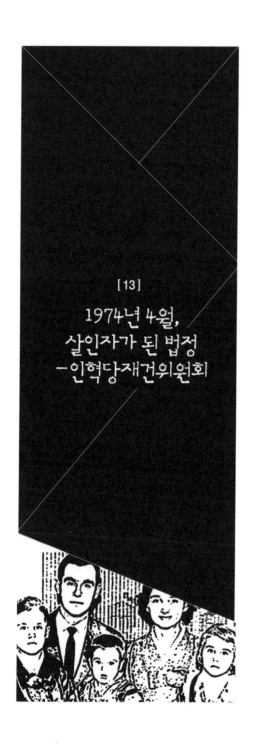

[13]

1974년 4월,
살인자가 된 법정
―인혁당재건위원회

## '인혁당재건위원회' 8명 사형 선고

'인혁당'이라는 이름이 사람들의 시선 집중을 받은 것은 두 차례다. 1964년 김형욱 중앙정보부장이 "북괴의 지령을 받고 대규모 지하 조직으로 국가 변란을 획책"했다는 어마어마한 '인혁당'사건의 개요를 발표한 것이 그 첫 번째였다. 중앙정보부장까지 나서서 발표한 '대규모'는 총 57명이었다. 1개 소대급의 지하 조직으로 국가 변란을 획책하려 한다는 대한민국 공안 당국 특유의 허장성세의 전통은 이토록 유구하거니와, 이 사건 당시까지만 해도 기개가 살아 있었던 대한민국 검사들이 중앙정보부의 요구대로는 기소할 수 없다고 사표를 쓰고 나올 정도로 무리한 사건이었다.

두 번째로 인혁당의 이름이 사람들의 귓전을 강타한 것은 을씨년스럽다 못해 살천스러운 동토의 유신공화국이 독기를 콸콸 내뿜던 1974년 4월이었다. 민청학련사건을 수사하던 중앙정보부는 인혁당재건위원회가 민청학련의 배후라고 주장하며 관련자 240명을 쓸어 담았다. 그 가운데 최종 기소된 것은 38명이었고, 그 가운데 8명(서도원, 하재완, 도예종, 이수병, 김용원, 우홍선, 여정남, 송상진)에게 대법원은 사형을 선고한다. 양심의 가책 때문이었을까, 사형을 선고하는 대법원장의 목소리는 모기 소리보다 작았다고 전한다. 1975년 4월 8일이었다.

사람을 죽인 것도 아니고, 어디에 폭탄을 터뜨린 것도 아닌데 사형이라니! 피고인들은 말할 것도 없고 그 가족들 모두가 공황 상태에 빠졌다. 재판부는 판결에서 "피고인들의 이 법정에서의 전부 또는 일부 부합되는 각 진술 부분"을 근거로 모든 공소사실을 유죄로 인정했지만 검찰의 공소사실을 시인한 사람은 단 한 명도 없었다. 1심과 2심, 3심에 이르도록 사형 선고를 받았던 그들은 면회조차 이루어지지 않았고 변호사도 기관원 입회 하에 만나야 했다. 형용할 수도 없고 상상하기도 어려운 분위기에서 사형이 확정된 것도 기가 막힌 일인데 다음날 기절도 모자랄 충격이 인혁당 피고인들과 가족들을 덮친다.

사형수가 된 8명 가운데 우홍선이라는 이가 있었다. 학도의용군으로 한국전쟁에도 참전했던 예비역 대위였다. 1차 인혁당사건 때 검거됐으나 별 탈 없이 풀려 나와 직장인으로서 또한 가족의 가장으로서 평화롭게 살고 있던 마흔 여섯의 시민이었다. 하지만 그는 민청학련사건의 배후로 조작된 인혁당의 핵심으로 지목돼 회사에 들이닥친 기관원들에게 끌려갔다. 같은 날 중앙정보부 요원들은 우홍선의 집까지 쑥밭을 만들고는 북한 방송을 들었다는 증거라며 라디오를 가지고 갔다. 그때까지만 해도 우홍선의 아내 강순희는 별일이야 있을까 싶었다. 곳곳에 진정서도 내고 호소도 하며 남편의 석방을 호소했다. 중앙정보부에서는 그녀를 채 가서는 호소문 같은 것 내지 말라고 으름장을 놓았다. 하지만 그녀는 그런 일 안 하겠다는 각서를 쓰고 나온 그 길로 남편을 살려 달라는 구명 연설에 나섰다. 그런 형극의 과정을 거쳐 맞이한 1974년 7월 1심 판결은 듣기에 끔찍한 사형이었다.

재판정에서 아내는 남편이 체포된 뒤 처음으로 남편을 볼 수 있었다. 그때 남편은 '편안한 표정'을 지었다고, 오히려 자신을 위로하는 것 같았다고 아내는 전한다. 그러나 그들은 그 이상 대화를 나눌 수도, 위로를 주고받을 수도 없었다. 일체의 면회는 금지돼 있었고 대법원 최종 판결이 날 때까지도 아내는 남편과 얼굴 한 번 마주치지 못했다. 판결은 사형이었다. 아내 강순희는 양산이 부러질 정도로 내리치며 통곡했다. 사형 판결 뒤에도 아내는 남편을 만나지 못했다. 다음날 재심이라도 청구할 생각으로 변호사 사무실을 찾으려던 아내는 제부로부터 온몸이 부서지는 듯한 소식을 듣는다.

"갈 필요 없습니다. 사형 집행됐다고 라디오에 나왔어요."

## 사형 선고 다음날의 '사법살인'

사형 판결 24시간도 지나지 않은 4월 9일 새벽 전격적으로 8명에 대한 사형 집행이 단행된 것이다. 사형 선고 다음날, 그때껏 한 번도 성사되지 못한 면회라도 하려고 구치소를 찾은 가족들은 비보에 그만 정신을 놓고 말았다. 고문의 흔적으로 뒤덮인 시신을 보여 줄 수 없기 때문이었을까. 야만의 극치를 달리던 유신정권은 시신조차 유족들에게 내주지 않고 화장터로 직행시킨다.

이 말도 안 되는 비극을 가로막고 나선 이들 가운데 두 사람을 기억하자. 제임스 시노트 신부와 문정현 신부. 제임스 시노트 신부는 1961년 영종도 성당 주임 신부를 맡음으로써 한국과 인연을 맺은 평범한 신부였다. 하지만 야만적이라는 형용사도 부족한 유신 체제를 겪으며 한국 민주화 투쟁의 일

《동아일보》 백지 광고 사태에서 권력이 새하얗게 비워 버린 신문 광고란을 채웠던 수천 명의 이름과 무기명無記名 가운데에는 외국인들도 끼어 있었다. 그중의 하나는 제임스 시노트 신부였다. 그는 이렇게 적었다. "1929년 이탈리아 사람들은 그들의 혼을 무솔리니에게 팔았고 1933년에 독일 사람들은 그들의 권리를 히틀러를 위해 포기했다." 무솔리니와 히틀러가 재림한 것 같은 사법살인에 시노트 신부는 그야말로 불타올랐다. 사형 선고를 받은 지 단 몇 시간 만에 시신으로 변해 버린 이들을 실은 운구차 밑으로 기어들어갔다가 사지가 들려 끌려나오게 된다.

선에 나서게 된다.

대사관 직원과 술을 먹는데 조만간 대규모 간첩사건이 터질 것인데 얼마나 거짓말을 잘 꿰어 맞추는지 보라고 하더군요. 이런 일을 지켜보아야 하는데 양심의 가책을 받고 있었는지 술을 많이 먹었습니다. 얼마 후 신직수 중앙정보부장이 발표를 하는데 나도 깜박 속을 만큼 거짓말을 능란하게 하더군요. 그도 가톨릭 신자였습니다(《한겨레 21》 2004. 10. 6).

**조지 오글** 목사가 처음 한국에 온 때는 잿더미와 가난에 절은 사람들 외엔 볼 것이 없던 1954년이었다. 3년간 한국에 머물다 미국에 돌아갔지만 1960년 다시 한국에 온 그는 가난하고 어려운 이들과 함께함을 평생의 사명으로 삼았고 도시산업선교회를 만드는 주역이 된다. 오명걸이라는 한국 이름까지 가졌고 네 아이를 한국에서 낳아 기른 그는 인혁당 사건을 접하고 관련자와 가족들을 위한 기도회를 열었다가 중앙정보부에 끌려가 조사를 받고 추방된다. 추방령이 떨어진 뒤 인혁당 관련자들의 부인들은 그를 찾아가 금반지를 끼워 주며 남편들의 생환을 기도해 달라고 했다. 그러나 남편들은 돌아오지 못했고 28년 뒤 한국을 다시 찾은 오글 목사는 여전히 그 반지를 끼고 있었다.

시노트 신부는 악다구니 칠 기력도 사라져 버린 가족들을 제치고 거칠게 항의하다가 마치 개처럼 경찰에 들려나오는 수모를 겪기도 한다. 사형 선고를 들으며 "미쳐 버리는 줄 알았다"는 그는 실제 사형이 집행되었다는 소식에 정말로 미쳐 버린 듯이 분노했다.

사형 집행 뒤 화장터로 달리는 차 앞에서 실랑이하는 또 한 명의 신부가 있었다. 가족들과 함께 악을 쓰고 절규하며 시신이라도 가족 품에 돌려 달라고 외치던 신부는 그 와중에 자동차 사고를 당해 무릎을 다쳐 평생 다리를 절게 된다. 문정현 신부였다.

그는 전신마취를 하고 수술대에 올랐다. 흔히 마취에서 깨어날 때 본인의 의사와 관계없이 마음에 품고 있던 말이나 생각을 털어 놓는 경우가 발생한다고 하는데 이날 문정현 신부는 마취에서 깨어나면서 수술실에 있던 의사와 간호사들을 혼비백산 뛰쳐나가게 만든다. 고래고래 고함을 지르며 욕설을 퍼부었던 것이다.

"박정희, 이 개새끼야. 무고한 사람 죽인 이 천하의 나쁜놈 새끼야."

멀쩡히 살아 가던 사람들을 잡아가서 살이 타도록 고문해서 사건을 만들고 판결이 나오자마자 목을 매달아 버린 독재자에 대한 분노는 그렇게 컸다. 그래도 박정희 대통령은 사형 선고가 나오던 날 긴급조치 7호를 한 학교에 대고 선언하고 그 교문을 닫아 거는 광기를 부렸고 겨울공화국의 살기는 대한민국을 시퍼렇게 쑥물 들었다. 적어도 유신 시절의 박정희는 '고난의 행군' 시절 수십만 인민이 굶어 죽도록 한 북한의 김정일만큼이나 나쁜 이였다.

## 박근혜 대통령 "아버지는 살인자" 솔직히 인정해야

유신정권에 의해 추방됐던 시노트 신부는 2002년 이후 다시 귀국하여 한국에 정착했다. 그에게 1975년 4월 9일은 "생애 최악의 날"이었다. 그는 여러 번 언론과 인터뷰를 가졌는데 4월 9일 이야기만 나오면 눈시울을 붉혔고 끔찍한 일이라는 탄식을 연발했다고 한다. 그 가운데 《한겨레신문》 김영배 기자와의 인터뷰에서 그가 털어 놓는 얘기를 들으며 나 또한 슬며시 눈시울이 데워졌었다.

(박정희는) 국민을 귀 먹고 눈 없는 동물로 업신여겼다. 인간으로 대접하지 않았어요. 그런 생활 원하면 (그리워)하라. …… 박근혜 (대표) 물론 얼굴은 엄마처럼 좋은데 속이 아버지 같으면 안 됩니다. 아버지가 살인자다. 솔직히 말 안 하면 안 됩니다.

어느 종편채널의 묘사처럼 "100개의 형광등이 켜진 것 같은 아우라"를 지녔다는 박정희의 딸 박근혜 대통령. 그녀가 진정한 민주공화국의 대통령이라면 시노트 신부의 충고대로 준열하고 엄중하게 자신의 아버지를 규탄해야 할 의무가 있다. 이는 아버지의 죄를 생물학적 딸이 치러야 하는 연좌율적 차원의 것이 아니라, 부친의 기억을 자신의 가장 큰 정치적 자산으로 삼고 있는 공화국의 정치인으로서 치러야 할 의무다. 특히 이날만큼은. 8명이 법의 이름으로 도살된 날, 스위스에 본부를 둔 국제법학자 회의가 "사법 사상 암흑의 날"이라고 선포했던 이 칠흑으로 덮인 1975년 4월 9일 이날만큼은.

그러나 유감스럽게도 제18대 대한민국 대통령이 4월 9일을 의미있게 기억하는 것 같지는 않다. 당장 지난 대선 정국에서 박근혜 후보는 "인혁당 관련 대법원 판결은 두 개이니 앞으로의 판단에 맡겨야 하지 않겠는가"라는 식의 삼판양승론(?)을 펼쳤던 것이다. 당시 유족을 비롯한 국민들의 격렬한 반발에 부딪치고 대법원까지 나서서 이맛살을 찌푸리는 바람에 마지못해 사과는 했지만 이후 행적으로 미뤄 볼 때 별반 진정성이 느껴지지 않는다. 하물며 새로이 씌여진다는 국정 한국사 교과서에 이 세기의 사법살인이 상세하고도 구체적으로 담길 수 있을까? 별로 현실적인 가정이 아니다.

여보!
단 한순간만 살아서 내게 와 주세요.

여보!
당신이 가신 곳이 있다면
나도 같이 당신 곁에 데려가 주세요

악마도 내 이 슬픔을 안다면
울지 않을 수 없으리라

나에게 무슨 잘못이 있다고
이렇게 감당할 수 없는 벌을 주느냐

나 한 사람을 사랑한 죄밖에 없는데
오 견딜 수가 없구나 견딜 수가 없구나.

(1975년 5월 19일 고 우홍선의 아내 강순희의 일기 중에서)

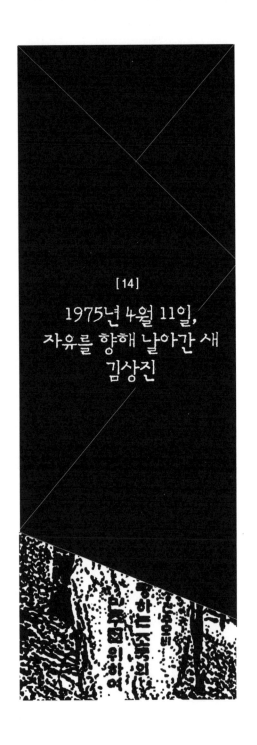

[14]

1975년 4월 11일,
자유를 향해 날아간 새
김상진

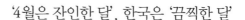

## '4월은 잔인한 달', 한국은 '끔찍한 달'

토머스 엘리엇Thomas Stearns Eliot은 한국 사람이었나 보다. 그가 왜 "4월은 잔인한 달"이라고 노래했는지는 모르겠으나, 한국의 4월만큼 잔인한 4월을 가진 나라도 드물 것이다. 오늘의 역사를 뒤적이다가 검색창마다 튀어나오는 음산한 이야기들에 진저리가 쳐질 정도다. 민청학련을 배후 조종했다는 혐의로 인혁당 관련자들을 사형 선고 다음날 교수대에서 목숨을 빼앗았던 것이 4월 9일이었는데, 바로 그 이틀 뒤, 또 하나의 잔인한 4월이 대한민국의 봄을 유린한다. 1975년 4월 11일 또 한 명의 젊은이가 야만의 독재에 항거하며 스스로 목숨을 끊은 것이다. 그 이름은 김상진. 서울 농대 축산학과 학생이었다. 1974년 《동아일보》 백지광고 사태 이후 유신정권 반대를 외치는 목소리는 잦아들 줄 몰랐다. 4·19혁명 이래 한국 민주주의 역사의 견인차 역할을 했다 할 학생운동 세력은 지칠 줄 모르고 독재권력의 방패에 도전했고 해가 바뀌어 1975년 신학기가 되자 서울의 각 대학은 더욱 달아올랐다. 3월 31일에는 1,500여 명의 고려대 학생들이, 4월 1일에는 500여 명의 연세대 학생들이, 4월 3일에는 2,000여 명의 서울대 학생들과 600여 명의 서강대 학생들이 집회를 열고 유신 반대를 외쳤다. 그 가운데 가장 정권의 비위를 거스른 대학교가 바로 고려대학교였다. 4월 7일 고려대학생들은 반유신 집회 후 도서관에서 철야농성을 벌였으며 다음날 8일엔 숫제 학생총회를 열고 2,000명의 학생들이 교문 앞에서 경찰과 격전을 벌였던 것이다.

1975년 4월 8일, 그러니까 인혁당의 8인에게 입에 담기조차 버거운 단어 '사형'이 내리쳐지던 날, 유신 긴급조치 7호를 발표한다. 긴급조치 7호의 내용을 꼼꼼히 받아써 보면 이러하다. 우선 첫 조항은 "75년 4월 8일 하오 5시를 기해 고려대학교에 휴교를 명한다"였다. 아무리 30년쯤 뒤 대통령을 배출할 학교라고는 하지만, 그 대접이 과분하다. 2조로 넘어가면 점점 더 그 시비조가 우스꽝스러워진다. "동교 내에서의 일체의 집회 시위를 금한다." 한 나라의 정부가 일개 대학교를 향해 엄포를 놓은 것이다. 4조를 읽으면 폭소가 터져 나온다.

"국방장관은 필요하다고 인정할 때 병력을 동원하여 동교의 질서를 유지할 수 있다."

용감하다. 대한민국 국군. 그대의 적은 고려대학교.

지금이야 이처럼 웃으면서 이야기할 수 있지만 그해의 잔인한 4월은 경망스러움이 끼어들 틈이 없었다. 유별나게 황사가 심했던 그해 봄, 유신의 살기는 마치 황사처럼 온 대학가와 대한민국을 뒤덮고 사람들의 눈을 찌르고 목구멍을 틀어막았다. 고려대학교에는 무장한 군인이 진주했고 각 대학교는 철문을 굳게 잠갔다. 그러나 그 어떤 잔인한 폭정과 서슬 푸른 권력의 독기 앞에서도 할 말은 하는 사람들이 있어 왔던 것이 우리 역사의 전통이자, 인류사의 증언이다. 긴급조치 발표 사흘 후 그에 대한 반응이 수원의 서울대학 농과대학에서 터져 나왔다. 그 주인공은 4학년 김상진.

## 평범했던 복학생 김상진

군대까지 다녀온 복학생 김상진은 학내 지하서클의 일원이긴 했지만 운명의 4월 11일 직전까지만 해도 "큰 목장에 취직할까 대학원에 진학할까"를 고민하던 평범한 대학 졸업반 학생이었다. 하지만 학기 초 몇 번의 시위에도 불구하고 분위기가 뜰 기미를 보이지 않자 김상진의 마음도 바뀌기 시작했던 모양이다. 김상진이 몸담았던 서클 1년 선배 조봉환의 회고다.

학교에 같이 다닐 때 상진이와 나는 한얼의 이념체계를 정리해 보려는 생각을 많이 했지요. 1969년 한얼 10주년 때는 '사회 참여의 형태로 현실정치에 참여하는 것도 가능하다'는 쪽으로 함께 인생 설계를 하기도 했습니다. 1975년에 나는 이미 졸업해 동숭동 신문대학원에 다니고 있었는데 상진이와는 1~2주에 한 번 정도는 꼭 만났지요. 그때 상진이는 '복학하고 보니 조직이 개판이다, 바로잡아야겠다'

고 자주 말했고, 나는 '그렇다고 복학생이 무얼 하겠느냐'고 말하는 정도였지요.

웬만하면 선배처럼 대학원을 가거나 취직을 해서 당시 인기 절정이었던 남진의 노래 가사처럼 "저 푸른 초원 위에 그림 같은 집을 짓고" 한 세상 살 수도 있었던 복학생은 진득진득 학교에 달라붙은 유신의 점액을 견디지 못했다.

축산학과 대책위원장을 스스로 떠맡은 김상진은 4월 11일 서울농대 3차 집회를 준비하면서 누구도 꿈꾸지 못할 일을 혼자서 꾸미기 시작한다. 양심선언문을 써서 각 방송국에 보냈고, 기자들에게 귀띔하여 서울 농대에서 비상한 일이 벌어지리라는 것을 알렸으며 후배와 함께 아이스크림을 사러 간 길에 후배도 모르게 칼을 장만해서는 돌아왔다. 그리고 그는 4월 11일 자유성토대회의 연사로 연단에 오른다.

사람은 죽을 때가 되면 말이 순해진다고 한다. 그러나 적어도 그 말은 그의 죽음 앞에서는 틀렸다. 이미 목숨을 끊을 각오를 하고 써 내려갔을 그의 글은 운명에 대한 순순함이 아닌 불의에 대한 역逆의 마음으로 그득했고 듣는 사람들의 몸을 떨리게 할 만큼 격동의 연속이었다.

더 이상 우리는 어떻게 참을 수 있으며 더 이상 우리는 그들에게서 무엇을 바랄 수 있겠는가? 어둠이 짙게 덮인 저

사회의 음울한 공기를 헤치고 죽음의 전령사가 서서히 우리에게 다가오는 것을 우리는 직시하고 있다. 무엇을 망설이고 무엇을 생각할 여유가 있단 말인가! 대학은 휴강의 노예가 되고, 교수들은 정부의 대변자가 되어 가고, 어미닭을 잃은 병아리마냥 우리들은 반응 없는 울부짖음만 토하고 있다. 우리의 주장이 결코 그릇됨이 아닐진대, 우리의 주장이 결코 비양심이 아닐진대 우리는 어떻게 더 이상 자존을 짓밟혀, 불명예스런 삶을 계속할 것인가. 우리를 대변한 동

**서울대학교에** 세워져 있는 김상진 추모비. 긴급조치 9호 발동 이후 1주일 만에 일어난 첫 시위로 유신정권의 뺨을 때린 5·22 시위는 김상진이 장례식도 없이 화장돼 버린 사실에 대한 분노로 촉발된 '장례집회'였다. "이 시위는 이른바 '오둘둘사건'이라 불리며, 학생운동사에 큰 획을 긋게 된다 ······. 사회과학 서클에 속해 있던 사람들이 다른 시위 전력으로 인해 거의 징역을 살거나 강제로 군에 징집되어 움직일 수 없었다"고 한다. 그래서 사범대의 야학문제연구회, 문리대의 문학회, 가면극연구회가 중심을 이뤄 장례집회를 준비했다. 그 전의 시위 주동자들은 이미 정보기관에 알려져 있었지만 이번 주동자들은 소위 '리스트에 없는' 사람들이었다. 그러다보니 다행히도 정보가 유출되지 않은 상태에서 시위를 시작할 수 있었다"(《서울대저널》 2015.3.22). 박정희 정권은 긴급조치 일주일 만의 시위에 격노했고 관련자들에게 무더기 구속과 제적 세례를 퍼부었다. 그 가운데 한 새내기가 걸려들어 학교를 떠나야 했다. 바로 서울대학교 75학번이었던 박원순이라는 학생이었다.

지들은 차가운 시멘트 바닥 위에서 신음하고 있고, 무고한 백성은 형장의 이슬로 사라져 가고 있다. 민주주의란 나무는 피를 먹고 살아간다고 한다.

열정적으로 연설문을 읽어 내려가던 그는 "이것이 영원한 사회 정의를 구현하는 길이라면 이 보잘것없는 생명 바치기에 아까움이 없노라"까지 읽은 뒤 말을 끊었다. 그리고는 칼을 빼들고서 "동요하지 말고 최선을 다하라"는 말을 남긴 채 칼끝을 자신의 배로 향한 뒤 사정을 돌보지 않고 꽂은 뒤 있는 힘껏 그어 올렸다.

## "정의 위해 생명 바친다"

"너 지금 뭐하는 거야?"

이런 사태를 꿈에도 상상하지 못했던 친구들이 악을 쓰며 구르다시피 연단으로 뛰어올랐지만 이미 그의 배에서는 피가 콸콸 쏟아지고 있었다. 김상진은 실려 가면서 "애국가를 불러 달라"는 요청을 했고 친구들은 울면서 애국가를 부르며 병원으로 옮겼으나 그는 끝내 회복하지 못하고 다음날 세상을 떠났다. 학생운동사에서 투쟁을 호소하며 스스로 목숨을 끊은 이는 그가 처음이다.

죽음에 이르는 병은 고독만이 아니다. "무엇을 할 것인가 둘러보아도 보이는 건 모두가 돌아앉은" 막막도도, "겨울의 대지, 살점 묻은 바람, 계엄령 하의 조국"(김정환 시)에서 살아가는 미칠 것 같은 갑갑함도 사람을 죽음으로 인도하는 손길이 된다.

스스로 목숨을 끊는 것을 칭찬할 수는 없다. 하지만 목숨을 끊지 않고는 자유로운 외침 한번 드날리지 못하는 시대, 숨을 쉬면 쉴수록 숨이 막혀 오는 지독한 황사 같은 체제에서 그 자살을 쉬 폄하할 수 있는 자도 없다. 김상진은 그런 시대를 살았고 죽었다. 오늘 우리는 적어도 그런 시대에서는 벗어나 있다고 자부하고, 우리의 과거를 전설의 고향 시청하듯 바라보지만, 이것 하나만은 기억해 두고 싶다. 최소한 우리의 현재가 김상진의 시대와 다르다면, 그 변화의 물길은 그 시대와 맞섰던 사람들이 몸으로 파고 다져 만들어 낸 것이라는 사실이다. 그리고 한 가지 열적은 목소리로 스스로에게 던져 보는 질문이 있다. 과연 우리는 우리 시대에 만족하는가. 지금이라도 우리가 내야 할 물길은 없는가.

그가 미처 읽지 못한 양심선언문의 마지막 구절이 징소리처럼 머릿속을 한 바퀴 돈다.

"저 지하에선 내 영혼에 눈이 뜨여 만족스런 웃음 속에 여러분의 진격을 지켜보리라. 그 위대한 승리가 도래하는 날, 나! 소리 없는 갈채를 만천하에 울리게 보낼 것이다."

숨을 거둔 후 김상진의 시신은 며칠 전 인혁당 관련자들의 횡액을 그대로 이어받았다. 어머니는 시신을 채 가서 불구덩이에 넣어 버리려는 경찰들에게 "제발 화장하지 말고 묘를 쓰게 해 달라"고 애원했다. 그러나 경찰은 포항에 있던 장남을 급거 불러 올라오게 해 협박한다. 죽은 지 하루도 안 되어 제대로 장례식도 치르지 못한 시신은 한줌의 유골로 남는다. 어머니는 화장터에서 "우리가 뿌릴 터이니 유골단지를 달라"고 하여 산산이 부서져 산과 들에 뿌려지는 것을 막았다. 그렇게 수습한 유골을 몰래 감춰 둔 곳은 아이러니컬하게도 중앙청 옆에 있던 법륜사라는 절이었다.

유신의 광기는 1975년 5월 13일 긴급조치 9호로 '집대성'됐다. "집회·시위 또는 신문, 방송, 통신 등 공중전파 수단이나 문서, 도화, 음반 등 표현물에 의하여 대한민국 헌법을 부정·반대·왜곡 또는 비방하거나 그 개정 또는 폐지를 주장·청원·선동 또는 선전하는 행위"라는 1조 나항에서 보듯 유신에 대한 거역은 고사하고 한 점 비판조차 용납하지 않겠다는 선언이었다. 이런 서슬 앞에서는 귀신도 숨을 죽일 것이고 천하의 한국 대학생들도 바짝 엎드리리라는 것이 유신정권의 기대였다. 그러나 불과 9일 뒤 5월 22일 서울대학교에서는 '오둘둘 시위'로 역사에 남는 대규모 반유신 시위가 일어난다. 이 시위를 앞두고 학생들 사이에서는 긴급조치 9호가 떨어진 마당에 신중하자는 제의도 있었으나 누군가 이렇게 말하자 모두 잠잠해졌다고 한다.

"같은 대학에 적을 둔 우리가 김상진의 죽음을 헛되이 할
수 있는가. 죽은 사람도 있는데 감옥 가는 것이 대수인가."

김상진은 그렇게 부활했다.

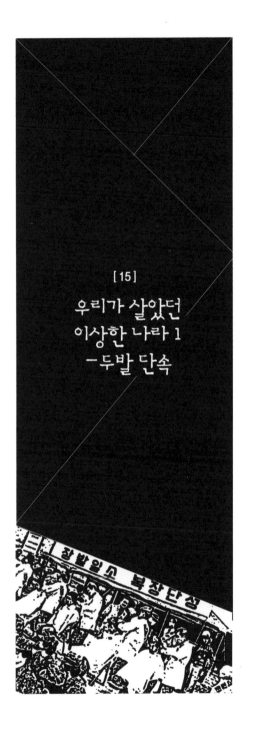

[15]

우리가 살았던
이상한 나라 1
ー두발 단속

# 민간인, '명령불복종'으로 구속되다

1976년 6월 5일 한 30대 초반의 남자가 영등포경찰서에 잡혀 온다. 살인 강간을 저지른 흉악범도 아니고 절도나 사기범도 아니었다. 그는 원주시청 식산계에서 임시직원으로 일하는 평범한 청년이었다. 그의 구속 사유는 기이하게도 '명령불복종'이었다. 군대를 늦게 가서 적응을 못하고 나이 어린 상관에게 항명한 것이라면 헌병대로 가야지 왜 영등포경찰서일까. 그것은 그가 예비군이었기 때문이다. 즉 군인이 아니었다.

예비군 훈련을 상습적으로 회피해 고발됐을까 싶지만 그것은 향토예비군법 위반이지 군법상의 명령불복종이 아니다. 민간인에게 내려진 '명령'은 대관절 무엇이며 그는 왜 명령을 불복했는가. 황망하게도 그 명령이란 예비군 지휘관의 단발령이었다. 화곡동에 있던 예비군 훈련장에서 00부대 대령이 머리가 길다고 깎으라고 하자 "하루 훈련 받자고 머리를 자르냐?"고 거부하다가 귀가조치 됐고 부대가 그를 명령불복종으로 고발한 것이다. 여기에 경찰은 사전구속영장까지 발부받아 구속했다. 당시 향군법 6조 2항은 "훈련을 위하여 소집된 때에는 지휘관의 명령에 복종해야 한다"고 규정하고 있었고 이를 어기면 1년 이하의 징역 또는 2만 원 이하의 벌금에 처하도록 명기돼 있었는데 머리 깎지 않는다고 예비군이 구속된 것은 그때가 처음이었다.

군인도 아닌 예비군이 머리를 깎지 않는다고 구속되는 희한한 나라. 아무리 총화단결에 반공제일주의에 유신의 깃발이 시퍼런 시기라 해도 이 사건은 꽤 파란을 일으켰다. 야당인 신민당은 "신체의 자유를 침해하는 것이며 예비군의 인권침해"라고 목청을 돋우면서 어찌 보면 당연한 얘기를 늘어놓는다.

"하루 소집돼 훈련받는 예비군에 대해 예비군 중대장이 뭐든지 명령할 수 있다는 건 위험천만한 일이다!"

## "예비군도 소집되면 일반 군인"

이 사건에 관한 '각계의 의견' 또한 재미있다. 이때 신문에 실린 사람들의 반응을 보면 우리나라는 참 엄청난 격변을 거쳐왔구나 싶은 생각에 절로 이마를 짚게 된다.

"지난달 예비군 훈련을 받으러 갈 때 미리 집에서 머리를 깎고 갔으나 그것도 길다고 해 부근 이발소에서 다시 깎았다. 이제는 됐겠지 하고 훈련을 받으려니 다짜고짜 군인들이 달려들어 또 깎는 것이 아닌가. 좀 심하다고 느껴졌다"(김영호, 24세, 회사원).

요즘 같은 시대에 예비군들에게 이랬다가는 폭동이 나도

대단한 폭동이 날 것이다. 군인도 아닌 민간인의 머리를 기간병들이 달려들어 싹둑싹둑 잘라 버리다니.

그러나 예비군 중대장의 말은 단호하다.

"예비군도 소집되면 일반 군인과 같다. …… 퇴폐풍조 일소를 범국민적으로 벌이고 있는 이때 장발을 하는 등의 정신 상태로 어찌 훈련을 받을 수 있겠는가"(김정현 대위, 30세).

이 사람의 눈에는 경찰의 장발 단속 기준인 "옆머리가 귀를 덮고 뒷머리가 옷깃에 닿거나 남녀 구분 불가능한 긴 머리, 파마나 여자 단발 모양 머리" 등을 한 사람은 정신 상태가 삼복더위에 썩어 가는 고등어보다도 더 썩어 보였을 것이다.

그렇다면 예비군 두발 단속 기준은 뭘까?

"모자를 눌러 썼을 때 뒷머리와 옆머리가 손에 잡히지 않고 단정해야 함."

그러니까 구속된 예비군은 이 머리를 거부했다고 철창으로 간 것이다.

## '이상한 나라', 다시 돌아오다

1976년 6월 19일자 《경향신문》에 실린 독자 투고는 30년 뒤의 독자를 깔깔 웃게 만들었다가 치오르는 서글픔에 사로잡히게 만든다.

장발에 대한 당국의 단발 조치에 대해 나는 환영해 왔고 찬사를 보내 왔다 ……. 요즘 젊은이들의 머리칼을 보노라면 남보다 지나치게 혐오감을 느끼는 나였기에 동생들에게 머리를 깎으라고 권해 동생들로부터 시대감각에 뒤떨어진 누나라는 소리를 종종 들어오기도 했다.

아, 박정희 대통령 보시기에 심히 건전한 생각을 가진 자랑스러운 중진국 대한민국 여성이었으리라. 그런데 이 여인의 가정에 묘한 일이 벌어진다.

남편이 예비군 훈련을 받으러 갔다가 머리를 깎인 채 집으

**민간인이** 하루 훈련을 받자고 바리깡 앞에 머리를 들이밀어야 했던 나라. 미니스커트 길이를 재고 경찰관이 지나치게 짧다 싶으면 구류를 먹일 수 있었던 나라. 국민의 생활 습관을 국가가 관리하고 자신의 시각에서 '불온'하거나 '불손'하면 거침없이 호루라기를 불러 국민을 '동작그만' 시킬 수 있던 나라. 그 나라의 3천 5백 만 국민의 이름은 그저 '앨리스'나 '폴'일 뿐이었다(루이스 캐롤의 동화 〈이상한 나라의 앨리스〉, 일본 애니메이션 〈이상한 나라의 폴〉).

로 돌아왔다. 내가 생각해도 길게 느껴지지 않던 아빠의 머리였기에 머리가 깎인 게 이상하기도 했지만 그보다 우스꽝스러운 아빠의 머리를 보고 웃음부터 먼저 터뜨렸더니 아빠는 "당신은 뭐가 우습다고 웃는 거요. 이 머리로 내일 어떻게 사람들을 만나지?" 하면서 내 웃음을 막아 버렸다.

참 눈치 없는 여성이었다. 그러나 이 여성은 '눈앞에 떠오른 아빠의 모습'을 통해 점차 현실에 접근해 간다. 저 우스꽝스러운 머리란 한 개인의 머리카락뿐 아니라 한 인간의 권리와 존엄에 대한 폭거의 결과였던 것이다.

급작스런 말투에 나는 입을 가린 채 아빠의 머리를 살펴보았다. 긴 머리보다 흉할 정도로 깎아 올린 아빠의 머리가 미관상 좋지 않았고 여러 사람을 상대하는 아빠의 직업도 고려할 때 아빠의 신경질에 수긍이 갔다. 예비군이라고 해서 무조건 군대식의 스포츠형 머리를 강요하는 건 사회 생활이 군대 생활의 연장이라는 느낌마저 든다고 하면 지나친 생각일까.

이 아주머니는 남편의 참담함과 분노를 이해하게 되고 이런 일이 두 번 다시 일어나지 않기를 바란다고 하지만 결국 투고의 끝은 이렇게 난다.

"당국의 적절하고 현실적인 예비군 조발 기준을 정했으면 하는 게 나의 바람이다."

문제는 '조발' 기준이 엄하고 느슨하고의 문제가 아니라 기준 자체의 유무였는데 말이다. 그리고 이 기묘한 엄격함은 남자들에게만 적용되는 것이 아니었다.

1973년 3월 10일 발효된 경범죄 처벌법상 '경범죄'에는 남자의 장발, 홀태바지 입기, 침 뱉기, 새치기 등등과 더불어 "초미니 스커트와 속살까지 투시되는 옷 입기"가 버젓이 들어가 있었던 것이다. 전 세계적인 대유행 속에 한국에도 상륙해 한국 여성들의 각선미를 드러내던 미니스커트는 몇 년 전부터 정권의 눈총을 받고 있었거니와 마침내 법적인 처벌까지 받게 됐던 것이다. 실제로 미니스커트를 멋모르고 입었다가 철장 신세를 진 여성들이 간간이 있었다. "정정애 양 등이 무릎 위 30센티미터나 되는 초미니를 입고 차 배달을 하다 연행됐고"(《동아일보》 1973. 3. 10), "천안경찰서는 개정경범죄처벌법 이후 처음으로 미니스커트를 입고 길을 걷던 박모양을 연행, 구류 2일에 처했다"(《동아일보》 1973. 4. 2). 우리는 참 이상한 나라에 살았다. 그런데 그 이상한 나라가 다시 돌아오고 있는 것 같다.

대한민국이 유신공화국이었을 때 얼마나 제정신이 아니었는지를 알려 주는 기사 하나를 첨부해 본다.

"국민학교 어린이들에게도 단발령이 내려졌다. 15일 일선교육계에 의하면 국민학교 어린이에 대한 단발령은 문교부의 지시에 따른 것으로 이미 대부분의 학교에서 교사들이 직접 어린이들의 긴 머리를 자르는가 하면 학부모들에게 머리를 짧게 깎도록 종용하고 있는 것으로 알려졌다.

(중략)

단발 지시를 받은 일선 학교는 마포 S국민학교의 경우 지난 9일 기준에 따라 머리를 깎고 온 교사와 어린이를 조회 시간에 단에 세워 표준형이라고 가르치는가 하면 성동구 H국민학교의 경우 뒷머리를 이발기계로 모두 깎고 오도록 어린이들을 집에 돌려보내기도 했다. 관악구 P국민학교의 경우 김모군(6학년)은 담임교사로부터 가위로 머리를 잘리는가 하면 같은 학교 최모군(4학년)은 학교의 지시에 따라 어머니가 짧게 깎아 보냈으나 기준에 맞지 않는다 하여 두 번씩이나 집에서 깎아 보내기도 했다.

또 서울 M국민학교 2년 서모양은 담임으로부터 머리를 땋은 것을 잘라 단발로 하라는 지시를 받고 긴 머리를 짧게 깎아 버렸다. 서양의 아버지는 여자 어린이까지 단발을 하게 하는 것은 무언가 잘못된 것 같다면서도 담임교사의 종용에 따를 수밖에 없었다고 말하고 있다.

(하략)

아마 유신정권이 열망한 두발 기준의 모범은 80년대 드라마 〈간난이〉가 아니었을까. 초등학생 단발령이 폐기되기는 했다.

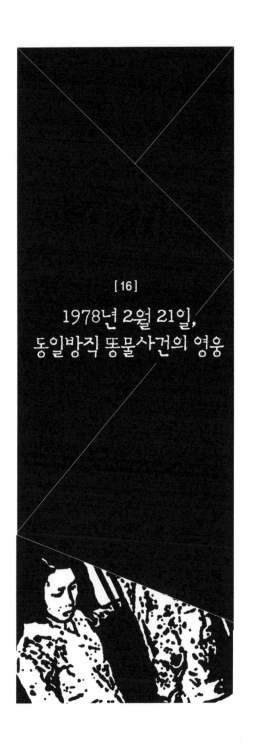

[16]

1978년 2월 21일,
동일방직 똥물사건의 영웅

# 동일방직노조, 최초 여성지부장 선출

노동운동사 전문가 박준성이 쓴《슬라이드로 보는 노동운동사》(전국금속노동조합 간)라는 책이 있다. 내용도 내용이지만 일단 얇아 부담 없이 읽을 수 있다. 저자는 환등기를 들고 전국을 다니며 강연을 다닌다. 이 책에 등장하는 사건과 인물들이 꾸려 가는 역사의 실타래 속에서, 우리는 몰랐던 사실은 아프게 만나고, 뻔히 알던 일이라 해도 마치 딴사람처럼 치장하고 나온 동료를 대하듯 얼떨떨한 새로움에 젖게 된다. 그리고 달이 가고 해가 가고 세기가 가도 '그날이 다시 오면' 엷어질지언정 지워지지 않는 느낌의 지배를 받게 된다.

1970년 전태일의 분신 이후 고도성장의 금자탑을 쌓아 올린 장본인들이면서도 그 시커먼 그림자에서 벗어나지 못한 채 시들어 가는 노동자들의 모습이 새삼스럽게 드러났다. 그들에게 먼저 관심을 기울인 이들은 "낮은 곳으로 임하려 한" 예수를 따르는 종교인들이었다. 개신교와 가톨릭의 '노동 선교'는 노동자들에게 크나큰 영향을 발휘했다.

대표적 예가 인천도시산업선교회의 조화순 목사로부터 도움을 받은 동일방직 노조와, 영등포도시산업선교회로부터 도움을 받은 원풍모방 노조 등이 72년 민주노조로 새출발한 것이다. 널리 알려진 동일방직이나 원풍모방 말고도 71~75년 산업선교의 영향을 받은 노조는 전국적으로 동광통산노조·한영섬유·마산방직·월성섬유·크라운제과·동아염직·삼송산업·반도상사·태양공업·삼원섬유·신한일전기·신흥제분·한국마벨 등 무수히 많았다(《한겨레신문》 2014. 4. 8).

그러나 때는 바야흐로 긴급조치 시대였다. '유신 과업'과 '조국 근대화'에 누가 될 수 있는 노동운동의 성장은 절대로 유신정권이 바라는 바가 아니었다. 막 걸음마를 시작한 노조들은 감당할 수 없는 정권의 공격을 받는다. 전태일의 피로 세워진 청계피복 노조는 전태일의 어머니 이소선 여사가 구속된 가운데 노동교실을 폐쇄당한다. 1977년 9월의 일이었다. 정권의 매서운 눈초리는 당시 대표적인 방직회사였던 동일방직으로 향한다. 박준성의 강의를 빌려 온다.

1972년 전국섬유노조 동일방직지부 조합원은 1,383명이었다. 그 가운데 1,204명이 여성이었다. 그런데도 조합 간부는 회사 말 잘 듣는 기술직 남자들이 독차지하고 있었다. 그런 상황에서 부녀부장이던 주길자가 한국에서 처음으로 민주적인 여성지부장으로 선출되었다. 사건이었다. 노동조합은 자주적이고 민주적으로 바뀌어 갔다.

'못난 남자'의 역사라면 온 인류사를 통틀어 우리나라도 뒤지지 않을 것이다. 아니 언제나 선두권을 유지해 왔다. 제 못나서 나라를 오랑캐에게 빼앗긴 주제에 '몸 더럽힌 여자와는 살 수 없다'고 으르렁대던 맹추들이 그랬고, 요즘 툭하면 등장하는 'XX녀'에 대한 광적인 돌팔매질이 그렇다.

동일방직의 남성 노동자들 역시 다르지 않았다. '뭣도 안 달린' 여자들에게 밀린 것이 사나이 명예에 똥칠이라도 한 것이라고 본 것인지, 그들은 회사와 아삼륙이 되어 눈에 불을 켜고 노조 파괴 공작에 나섰다. 마침내 1978년 2월 21일. 노조 대의원 선거가 있던 날의 새벽이 밝았다.

## 매수된 남성조합원, 똥물을 퍼붓다

투표를 위해 사무실에 모여 들던 여성 노동자들은 회사측에 매수되어 문앞에 버티고 선 남자조합원 행동대원들과 맞닥뜨렸다. 그들은 가죽장갑을 낀 손으로 뭔가를 움켜쥐고 있었다. 비위 좋게도 똥물이었다. 이 남성들은 여성조합원들에게 달려들어 똥물을 뿌릴 뿐만 아니라 옷을 들추어 그 속에 집어넣고 강제로 입을 벌리고 쏟아붓기도 했다. 부모를 죽인 원수도 아니고, 재산을 통째로 들어먹은 사기꾼도 아닌 직장 동료들에게 그렇게 한 것이다. 그때 가죽장갑 끼고 똥을 손에 쥐고 있었던 인간들은 오늘 어디에서 어떻게 살고 있을까.

인간이 인간에게 가할 수 있는 가장 큰 모욕이 벌어지는 동안 현장에 있던 경찰 둘은 구경만 할 뿐이었다. 하기야 구경도 그런 구경이 있었겠는가. "가난하게 살았지만 똥을 먹고는 살 수 없다"는 울부짖음은 아랑곳하지 않았다. 유신정권은 동일방직 노동조합을 박살내겠다는 심사를 그렇게 여지없이 발휘하고 있었다.

이미 2년 전이었던 1976년 유신정권은 동일방직 노동자들의 치열한 저항을 경험한 바 있었다. 여성지부장이 경찰에 연행당한 뒤 남성 노동자들은 자신들만의 대의원대회를 열어 집행부를 불신하고 새 집행부를 구성했다. 하지만 여성 노동자들은 이에 반발하여 농성에 들어갔다. 당연히 경찰이 출동했고 겁에 질린 여성 노동자들을 죄어들어 왔다. 쿵쿵거리는 군홧발, 땅땅 소리를 내는 방패, 자신들보다 열 배는 단단해 보이는 남자들의 근육 앞에서 얼굴이 하얗게 된 노동자들에게 경찰 하나가 상냥한 말을 던졌다.

"주동자만 내놓으세요. 주동자만 내놓으면 여러분들은 무사히 집으로 돌아갈 수 있어요."

그러나 노동자들은 주동자가 따로 없으며 우리 모두가 주동자라고 절규한다. 마치 영화 〈스팔타카스〉에서 모두가 "내가 스팔타카스다"라고 목놓아 외쳤던 순간처럼. 이 감동적인 순간에 감응하지 못한 인간 이하의 존재들은 어느 때에나 있는 법이어서 회사 관계자들은 자신들이 주동자라고 생각하는 이들에게 손가락총을 쏘아 댔다.

"저년! 저년! 그리고 저년!"

경찰이 죄어들어 오자 누군가가 급박하게 소리쳤다. 참으로 기막힌 제안이었다.

"옷을 벗자! 옷을 벗은 여자 몸에는 경찰이 손을 못 댄다!"
세상에 이런 저항도 있었을까. 그리고 이 저항에 쉽게 동참할 수 있었을까. 그러나 나이 스물 안팎의 여성 노동자들은 만장해 있던 남정네들 앞에서 스스로 옷의 단추를 푼다. 그러나 이 애처로운 저항도 공권력의 관용을 끌어내기엔 역부족이었다. 벼락 같은 명령과 함께 알몸의 여성 노동자들 수십 명은 개처럼 두들겨 맞고 울부짖으며 끌려갔다.

이런 동일방직 노동자들이었으니 어쩌면 똥물 공세는 당시 공장 앞에서 합숙을 하며 사태를 지휘했던 중앙정보부의 머릿속에서 나왔는지도 모른다.

"저것들은 보통 수단으로서는 겁도 먹지 않고 기도 죽지 않아. 뭔가 인간 이하의 대접이 필요해. 아주 질려 버리게 만들 방법이 필요하다고."

대충 이런 식이 아니었을까.

사진 속 여공의 표정을 들여다본다. 여덟 팔 자로 다문 입은 금세라도 흐느낌으로 미어터질 것 같고, 똑바로 앞을 응시하지 않는 눈은 부끄러움과 분노가 범벅이 된 빛을 쏘아 낸다. 부르쥔 주먹이 덜덜 떨리고 있음은 누가 봐도 짐작할 수 있을 것이다. 저들의 푸른 작업복에 뭉텅이로 박힌 저 똥물들은 1978년 대한민국 역사에 들이부어진 오물로서 오늘도 싯누렇게 빛난다. 입에 똥물을 머금고 양치질을 하는 듯한 욕지기로 양심을 건드린다.

## 유일한 목격자, 동네 사진관 아저씨

이 사진을 찍은 사람은 동일방직 근처 사진관 주인 이기복 씨였다. 이 사진관은 원래 동일방직 여성 노동자들이 '영원한 추억과 우정'을 남기기 위해 즐겨 찾던 단골집이었다. 상상도 못할 일이 동료 남성 노동자의 손에 자행되고, 그 꼴을

**철천지** 원수라고 해도 인간이 인간에게 이리 할 수 있을까. 고무장갑을 끼고 똥을 한 주먹 퍼서 남의 입에 집어넣고 옷에 끼얹고 몸에 바를 수 있을까. 도대체 그들은 무슨 마음이었을까. 아마 지금쯤은 환갑 넘어 고희 쯤 돼서 손주들 보고 있을 당시의 가해자들이 마음속으로나마 사죄하기를 바란다. 그렇지 않으면 결코 그들은 평화롭지 못할 것이다. 그들이 죄를 받지 않는다면 그 후손들이라도 괴로울 것이다.

경찰은 빙글빙글 웃으며 보고만 있고, 노동자들의 조직이라는 노총 간부는 되레 똥물 튀기기를 독려하고 있는 판에, 입 안에 똥이 처넣어져 악도 쓰지 못하던 여성 노동자들이 자신들의 모습을 증거로 남기고자 했을 때, 생각나는 사람은 그 사진관의 주인아저씨밖에 없었다. 울면서 자신을 찾는 여성 노동자들의 부름에 이기복 씨는 한걸음에 달려 왔고, 셔터를 눌렀다.

하지만 이미 '지역 차원이 아닌 중앙 차원에서' 동일방직 노조를 박살낼 작전을 기획, 연출하고 있던 중앙정보부와 그 외 끄나풀들이 똥물 냄새에 둔감할 리 없었다. 이기복 씨는 살기등등한 기관원들의 방문을 받는다. 하지만 이씨는 끝까지 필름이 없으며 "노조원들이 가져 갔다"고 잡아떼어 여성 노동자들의 피눈물을 담은 사진을 지켜 낸다.

"10여 명의 여공들이 똥물을 뒤집어쓰고 있었고 노조 사무실과 사무장실 천장과 벽에 온통 똥물이 묻어 있었습니다. 또 몇몇 여공들은 바닥에 누워 울고 있었습니다."

이기복 씨의 회고다. 얼마나 참담한 광경이었을까. 정치에 관심도 없고 데모 한번 나가지 않는 처지의 누구라 할지라도 발을 구르며 분노했을 것이다. 평범한 사람 그 누구라도 그랬을 것이다. 하지만 그 평범한 사람도 정작 칼끝이 자신을 향할 때 그 분노를 숨김없이 드러내기란, 작은 행동이나마 발 내딛어 그 분노를 100분의 1이라도 표출해보기란 힘들다.

1978년이라면 긴급조치가 시퍼렇다 못해 눈 흰자위처럼 허연빛으로 세상을 쓸어볼 때였다. 평범한 동네 사진관 아저씨는 과연 어떤 마음으로 이 사진을 지켜 낸 것일까. 날아가는 새를 떨어뜨리는 정도가 아니라 나는 기러기 떼로 꼬치구이를 하라고 해도 할 수 있었을 중앙정보부 요원들이 들이닥쳐서 '사진 있는 거 다 아니까 내놓으라'고 책상을 두들길 때 그는 무슨 용기로 "사진 없습니다. 다 가져 갔습니다" 하고 시치미를 뗄 수 있었을까. 행여나 숨겨 뒀던 필름이 발각되기라도 했다면 몇 년쯤은 우습게 감옥에서 썩을지 모르는 상황인데 말이다.

이기복 씨도 덜덜 떨었을 것이다. 그냥 의리고 뭐고 다 집어치우고 슬며시 사진을 내어주며 "나야 뭐 돈 받고 찍으래서 찍은 것뿐입니다" 하고 겸연쩍게 말하며 머리를 긁고 싶었을지도 모른다. 나아가 "쟤들이 진짜 빨갱이들이었다니" 하면서 스스로를 위무하고 망각의 저편으로 양심의 고리를 넘겨 버리고 싶은 유혹에 휩싸였을 수도 있다. 실제로 그런 사람들도 많았다. 그러나 '여공'들의 '추억'을 만들어 주고 김치와 치즈를 연발하며 웃음을 끌어내던 평범한 사진관 주인은 그 공포와 유혹을 넘어섰고 그는 우리 역사에 보기 드문 기록을 후세와 후손들에게 전해 주었다. 때로는 백 권의 책보다 한 장의 사진이 더 설득력이 큰 법이다. 그가 없었다면 동일방직 똥물사건은 건조한 문자와 억울한 육성으로만 남았을지도 모른다.

## 역사는 '큰 인물'이 만들지 않는다

반드시 큰 업적을 남기고 불세출의 위업을 이룩해야 위대한 사람이 되는 것은 아니다. '큰 자리'에 오르는 '인물'들만 역사를 만드는 것도 아니다. 이기복 씨처럼 평범한 사람, 장삼이사에 필부필녀 한 사람일지라도 우리 앞에 닥친 역사에 무심하지 않는다면, 그 공포에 저항하지는 못할망정 항복하지는 않는다면, 유혹에 빠질망정 정신을 잃지는 않는다면, 그날 동일방직 여성 노동자들의 사진처럼 모래처럼 작지만 다이아몬드처럼 빛나는 역사의 알갱이들을 창조할 수 있을 것이다.

나치의 마수에서 유대인들을 구해 낸 오스카 쉰들러는 사실 휴머니즘과는 거리가 매우 멀고, 비열한 돈 거래에만 도가 튼 비정한 사업가였다. 그런 그가 자신의 위태로움을 무릅써 가며 유대인들을 구했다. 그의 손에 생명을 구했던 한 유대인이 그에게 그 까닭을 물었다. 그러자 그는 아무 거리낌없이 이렇게 대답했다고 한다.

"그건 당연하지. 그 사람들은 내가 아는 사람들이었거든. 적어도 내가 아는 사람들한테는 인간적으로 대해 줘야 하는 거라고."

그 대답은 언뜻 싱거워 보였지만 그렇지 않았다. 그것은 쉰들러가 선택한 마지막 양심의 보루였던 것이다. 나치에 저항하고 히틀러 타도를 부르짖는 것은 언감생심이다. 나는 그 와중에도 돈을 벌어야겠지만, 그렇다고 내가 아는 사람들이 그렇게 참혹하게 죽어 가도록 놔둘 수는 없지 않겠느냐는 것이 그의 성곽이었고 그는 그 성곽을 지켜 낸 것이다. 오히려 평범한 사람이 일궈 낸, 지성적이지도 않고 특출하게 용감하지도 않은 한 무뚝뚝한 독일 남자가 빚어 낸 인간의 위대함이었던 것이다. 1978년 2월 21일 이기복 씨도 그러했다.

동일방직 노동자들은 그 뒤로도 포기하지 않았다. 한국노총이 주관한 '근로자의 날' 행사에 뛰어들어 동일방직 문제 해결과 어용노조 위원장 퇴진을 촉구하는 시위를 벌였고 기독교 방송국에 진입하여 언론에 호소하기도 했다. 이 가열찬 여성들에게 돌아간 것은 해고 통보였고 동종업계 어디에도 취직할 수 없게 만들었던 '블랙리스트'의 효시였지만 그럼에도 전두환이 등장하는 1980년 5월 17일의 비상계엄 때까지도 동일방직 노동조합의 투쟁은 이어졌다.

우리 역사에서 아니 세계사에서 이들처럼 빛난 여성들도 흔치 않을 것이다. 범 같은 장정들이 몽둥이 치켜들고 을러대는 가운데 "주동자만 내주면 돼요"라는 솔깃한 제의가 던져졌을 때 "우리 모두가 주동자다"라고 떨쳐 일어선 용자들의 모습을 상상해 보라. 저항이라고는 옷을 벗어 던지는 것밖에 할 수 없는 벼랑 끝에서 자신들의 권리와 그를 대변해 온 지도부를 지키기 위해 알몸이 되어 가는 그 처연함을 생각해 보라. 졸렬하고 비겁한 사내들이 자신들만큼이나 냄새나는 똥물을 퍼 와서 그들에게 퍼부은 뒤에도 이 모습을 증거로 남겨야 한다며 카메라 앞에 섰던 저 분노를 떠올려 보라. 이것만큼 '자긍심' 넘치는 역사가 또 있을 것인가.

# 1977년 11월 23일,
# 《우상과 이성》 필화사건

## "글 쓰는 유일한 목적은 진실 추구"

1977년 11월 23일 쌀쌀한 초겨울 아침. 한 이발소 앞에 건장한 사내들이 진을 쳤다. 그들은 이발소 안을 흘낏흘낏 들여다보며 한 중년신사가 이발을 끝내기만을 기다리고 있었다. 이발이 끝나자마자 사내들은 중년신사를 둘러쌌다. "같이 가셔야겠습니다." 사내들은 치안본부 대공분실 요원들이었고, 중년의 신사는 한양대 해직교수 리영희였다.

《전환시대의 논리》로 파장을 일으킨 데다가 《8억인과의 대화》로 역린을 건드리는 바람에 미운털이 박힐 대로 박혀 있던 리영희 교수가 1977년 11월 초, 《우상과 이성》이라는 평론집을 냈고 이것이 날개 돋친 듯 팔려 나가자 드디어 당국이 그 성마른 성미를 견디지 못하고 칼을 뺀 것이다. "나의 글을 쓰는 유일한 목적은 진실을 추구하는 오직 그것에서 시작되고 그것에서 그친다. 진실은 한 사람의 소유일 수 없고 이웃과 나눠져야 할 생명인 까닭에 그것을 알리기 위해서는 글을 써야 했다. 그것은 우상에 도전하는 이성의 행위이다. 그것은 언제나 어디서나 고통을 무릅써야 했다. 지금까지도 그렇고 영원히 그러리라고 생각한다. 그러나 그 괴로움 없이 인간의 해방과 발전, 사회의 진보는 있을 수 없다"는 책의 서문처럼 그는 예상은 했지만 그 예상을 뛰어넘는 고통에 직면하게 된다.

리영희의 필화는 이번이 처음이 아니었다. 1964년 11월《조선일보》외신부장으로 근무하던 중 그는 '남북한 가입 제안 준비'라는 제목의 기사를 썼다. "남북한이 유엔에 동시 가입하는 안건을 아시아·아프리카 외상회의에서 검토 중"이라는 내용이 기사의 골자였다. 아무리 이것이 사실이라 해도 북한이 남한과 동등하게 국제 무대에서 뭘 어쩐다던가 유엔에 동시 가입한다든가 하는 내용을 들먹이는 자체가 남한에서는 범죄였다. 리영희는 댓바람에 끌려가 호되게 취조를 당하는데 그의 머릿속에 남은 말 가운데 이런 것이 있었다.

"내가 해방 전 만주에서 헌병할 때 내 손에 죽어 나간 소위 독립운동가들이 몇인 줄 알아? 너 까불지 마! 바른대로 대답해."

천하의 리영희지만 이 말을 들으면서는 "정말로 겁났다"고 회고하고 있다. 하지만 일단《조선일보》외신부장이었고 기사 자체가 거짓이 아니었기에 리영희는 두 달 만에 풀려날 수 있었다. 하지만 이번에는 경우가 달랐다. "북한 대표가 처음으로 유엔총회에서 우리말로 연설을 했다는 것이 작년 겨울 한때 화제가 되었지만, 긴 눈으로 높은 차원의 '효능'을 생각할 때, 이데올로기의 정치를 떠나서 같은 민족으로서 이것은 좋은 일이라고 생각했다"고 했으니 대역죄에 맞먹는 반공법 위반이었고, 모택동을 긍정적으로 평가한 에드가 스노의 평을 옮겨 놓은 것도 역시 반공법 위반이었다.

한 달가량 대공분실과 검사실을 오간 뒤 기소되던 날, 그는 하늘이 무너지는 슬픔을 맞게 된다. 구속되는 길에 "잠깐 다녀오겠습니다"라고 인사를 드리고 나왔던 어머니가 여든 여섯의 나이로 세상을 떠난 것이다. 영전에 분향이라도 하게 해 달라고 안팎에서 애끓는 호소를 했지만 잠시의 틈도 허용되지 않았다. 리영희는 사과 한 알과 관식, 그리고 김지하가 보내 준 사탕을 놓고 제사를 지내야 했다.

"어디로 간다고 말씀도 드리지 못한 채 집을 나와 지금 이곳 몸의 자유를 잃고 있는 동안 어머니가 아들을 찾는 소리와 몸짓을 늘 듣고 보는 듯하였습니다. ……"

혼자 쓰고 읽은 아들의 제문은 흩뿌려진 눈물로 이곳저곳이 번졌다.

## 우상에 정면 도전한 리영희

몇 년 뒤 다시 감옥에 들어간 리영희는 뜻밖의 인물로부터 호출을 받는다. 베테랑 대공수사관이라는 그는 중앙정보부조차도 《우상과 이성》 등의 책만 가지고는 반공법 공소 유지가 어렵다고 판단한 것을 자신이 청와대까지 직소해서 바꿔 놓았고 어머니 영전을 지키지 못하게 한 것이 자신이노라 자랑했다. 그의 둘째손가락 마디에는 굳은살이 박혀 있었다.

"30년 동안 펜대를 잡고 빨갱이 잡는 조서를 밤낮으로 쓴 유물이 바로 이 뚝살이오."

그의 이름은 박처원이었다. 바로 박종철 고문치사사건 때 조작을 주도한 이로서, 고문 경관에게 '니들이 뒤집어쓰라'면서 2억을 내줬던 인물이고 카지노 대부 전낙원에게서 돈을 뜯어 내 이근안에게 쥐어주면서 도피를 지시한 장본인이다.

빨갱이의 공포가 아무리 지대했다고 해도, 전쟁의 상흔이 하늘을 가르도록 지독했다고 해도, 전쟁 뒤 대한민국을 사로잡아 온 '반공'의 광기는 야만의 혐의를 벗기 어렵다. 야만의 거친 손길은 엉성하고 추하기 이를 데 없는 우상을 빚었고, 우상에 대한 숭배를 거부하는 이성의 허리를 꺾고 머리를 깨

**갑자기** 끌려온 옥중에서 들은 어머니의 부고. 눈물로 번져 버린 어머님 영전상서. 명백한 사실을 자신의 해석을 담아 출판했다는 이유로 대학 교수가 끌려가고 어머니 장례에도 참석하기 어려웠던 세상. 그야말로 '혼이 비정상'인 시대였고 '올바르지 못한' 시대 아니었던가. 그러나 오늘의 시계는 거꾸로 거꾸로 그 즈음을 향해 줄달음치는 듯 하니 이 무슨 변괴란 말인가.

뜨렸다. 빨갱이들을 "수천 명 골로 보낸" 것을 자랑하던 박처원과 그가 총애했던 이근안은 그 우상의 사제이고 졸개였다. "지식이 아무리 많아도 의식이 없으면 그 지식은 죽은 지식이라"고 선언하면서 우상에 정면으로 도전한 리영희와 그들의 존재는 글자 그대로 "우상" 앞의 "이성"일 뿐이었다.

리영희가 깨뜨린 우상 가운데 "한반도 유일의 합법정부"라는 우상이 있다. 유엔 결의 제195호 III의 2항에 따르면 "(유엔)임시위원단이 감시 및 협의할 수 있었고, KOREA 인민의 과반수Majority가 거주하고 있는 KOREA의 '그 지역'에 대한 효과적인 행정권과 사법권을 갖는 합법적인 정부가 수립되었다는 것, 이 정부가 KOREA의 '그 지역'의 유권자의 자유 의사

**문재인** 의원은 그의 책 《문재인의 서재》에서 리영희와의 대화를 회고한다. 리영희 의원에게 문화혁명에 대한 높은 평가는 오류가 아니었냐고 묻자 리영희는 이렇게 답한다. "오류였지. 글을 쓸 때마다 객관성을 확보하기 위해 무척 노력했는데 그 시절은 역시 자료 접근의 어려움 때문에 한계가 있었던 것 같아. 또 그때는 정신주의에 과도하게 빠져 있었던 것 같아." 그에게도 우상은 있었다. 그러나 이성으로 극복하고 이성으로 반성했던 시대의 스승이었다.

의 정당한 표현이며, (유엔) 임시위원단이 감시한 선거에 기초를 두고 있다는 것, 그리고 이 정부가 KOREA의 '그 지역'에서의 그와 같은such 유일한 정부임을 선언한다"고 되어 있다. 유엔은 대한민국은 선거가 실시된 '남한 지역'의 유일한 합법정부인 것만을 선언했을 뿐이었다.

## 우상과 이성의 싸움은 오늘도

즉 대한민국 정부가 "유엔이 승인한 한반도 유일의 합법정부"라고 되뇌인 것은 잘못된 주문이고 공허한 아우성이었던 것이다. 우상이었다. 그런데 대한민국 교육부는 부득부득 이 우상을 교과서에 모시고자 하고, 한국사 교과서 국정화의 선봉장이라 할 권희영(국학중앙연구원)은 다음과 같은 신묘한 논리를 내세우면서 리영희에 반박한 바 있다. "미국이 소련의 위상을 고려해 '총선이 가능한 지역에서 유일한 합법정부'라고 표현했지만 북한은 총선을 거부했기 때문에 실질적 의미는 한반도의 유일한 합법정부가 맞다"는 것이다. 유엔이라는 국제기구의 공문서를 해석하면서 그러한 독심술을 동원할 수 있고, '실질적 의미'를 창출하는 저 유능함 앞에서 리영희에게 자신의 이력을 자랑하던 박처원이 떠오른다.

우상과 이성의 싸움은 계속되고 있다. 2016년 이 사실을 말하면 '올바른 역사관'을 가지지 못한 대한민국 비국민非國民

이 된다.

역사는 사실과 그에 대한 해석으로 구성되는 학문이다. 사실이란 올바르고 그르고의 가치가 개입될 여지가 없는 사실 그 자체일 뿐이니 결국 '올바르다'는 형용사는 '해석'을 수식할 뿐이다. 그러나 '올바르다'와 '해석'이라는 두 단어는 결코 양립할 수 없다. 해석은 사실을 바라보는 시각에 따라 달라지며 사실을 근거로 하지 않는 해석이 올바르지 않을 뿐, 해석 자체가 올바를 수는 없기 때문이다.

리영희는 "올바른 해석"이라는 이름의 철벽 아래 짓눌린 사람들의 사고思考에 '사실', 즉 팩트Fact라는 원기를 불어넣어 준 사람이었다. "우리는 무조건 유엔이 인정한 한반도 유일의 합법정부여야 한다"는 우상에 "아닌 것 같은데" 하는 이성의 주문을 들이대 그 팔다리에 힘이 빠지게 한 사람이었다. 그리고 보면 "동성애자들은 국가전복 세력"이라는 불후의 명언을 남긴 문화평론가 조우석이 "좌파 문화권력 3인방"으로 백낙청, 조정래와 함께 리영희를 든 것은 당연한 일이겠다. 우상에게 이성만한 공포의 대상이 어디 있으랴.

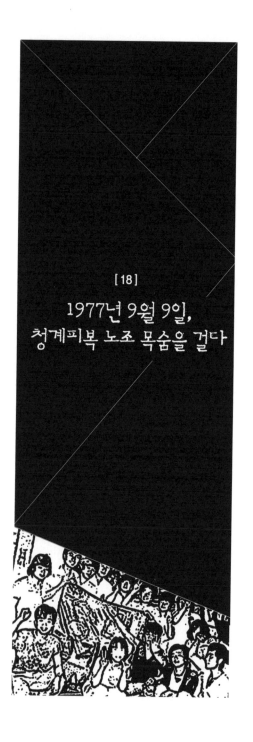

[18]

# 1977년 9월 9일, 청계피복 노조 목숨을 걸다

## 아들 죽음 앞에 '노조 결성 지원' 요구한 어머니

지난 2011년 9월 고 전태일의 어머니 이소선 여사가 영면에 들었다. 지상의 모든 짐 편안히 내려놓고 고운 모습의 아들을 얼싸안고서 지난세월 동안 쟁여져 온 이야기 보따리들을 풀어헤쳤을 것이다. 아마 그 이야기의 시작은 아들 전태일이 숨을 거둔 순간부터일 것이다.

이소선 여사는 8개항의 요구 조건을 내세우고 그것이 받아들여지지 않을 시 아들의 장례를 치르지 않겠다고 버텼다. 그 요구 사항 중에 '노조 결성 지원'이 있었다. 당국이 가장 난색을 표한 조항이 이 노조 결성 지원이었다. 하지만 "나중에 나 혼자라도 내 아들 시체를 토막 내서 치마에 싸서 묻는 한이 있더라도 요구 조건이 관철되지 않은 상태에서는 절대 장례를 치룰 수 없다"며 시퍼런 결기를 발하는 어머니, 노동청장이 찾아와 거만을 떨자 목을 물어뜯어 혼비백산 쫓아 보낸 어머니 앞에서는 천하의 대한민국 당국도 별 수 없었다. 이소선의 요구 조건은 받아들여진다.

청계피복 노조는 그렇게 생겨난다. 조합원 560명의 청계피복 노조가 첫 고동을 울린 것은 전태일이 스스로 몸을 불사른 지 2주 후의 일이었다.

"내가 죽으면 좁쌀만 한 구멍이라도 캄캄한데 뚫리면 ……
그걸 조금씩 넓혀서 노동자들이 자기 권리를 찾을 수 있는 길
을 엄마가 만들어야 해요."

기도氣道가 막혀 가는 입으로 피를 뱉어 가며 남긴 아들의
말을 되새기면서 어머니는 아들의 죽음과 바꾼 노조의 고문
으로 그 이름을 올린다.

그 슬프고 아팠던 해로부터 7년이 지났다. 전태일이 일기에
서 그렇게 갈구했던 '대학생 친구' 중 하나인 장기표가 체포
되어 재판을 받게 된다. 검찰이 말 같지도 않은 논리로 장기
표를 공격하고 장기표가 묵비권으로 버티는 것을 본 이소선
은 분기탱천하여 악을 쓴다.

"질문이 지랄 같으니까 말을 안 하는 거 아니야?"

판사가 퇴정을 명령하자 이소선은 판사에게도 퍼부어 댔다.

"부모들이 소 팔고, 논 팔아 공부 가르쳐 놨더니 이 따위로
밖에 재판을 못하냐."

이소선은 퇴정을 명령받지만 계속 소리를 지르며 저항했고
결국 법정모독죄로 구속된다.

## 이소선 잡아 넣고 노조 파괴 공작

당국은 이소선 개인을 잡아 가둔 것에 머물지 않고 그녀의
분신과도 같은 청계피복 노조에 마수를 뻗치기 시작한다. 노

동자들이 모여 자신들의 권익을 규정해 놓은 노동법을 배우고, 각종 소모임을 통해 친목과 연대를 도모하는 공간인 노동교실을 강제로 폐쇄시킨 것이다. 선전포고이자 최후통첩이었다. 평화시장 곳곳에 부르쥔 주먹 같은 글씨의 선언문이 나붙는다. "저들은 제2의 전태일을 요구한다. …… 우리가 살아남기 위해 죽음을 각오하고 싸우자." 그들은 폐쇄 위기에 놓인 노동교실로 집결한다. 청계피복 노조 '결사투쟁'의 시발이었다.

그리고 9월 9일 오후 1시 30분. 조합원 40여 명이 버티던 노동교실 3층과 4층으로 경찰이 진입한다. 말 그대로 결사적인 싸움이었다. 형광등의 유리를 집어던지고 책상을 부숴 만든 나무 조각을 휘두르면서 경찰에 맞섰지만 중과부적에다가 훈련된 병력을 당할 수는 없었다. 노동자 민종덕이 창틀에 올라섰다.

"물러가지 않으면 떨어져 죽겠다."

이럴 때 한순간이라도 머뭇거린다면 유신 경찰 자격이 없는 것이다. 경찰기동대는 더 악착같이 달려들었고 비명과 절규가 엇갈리는 찰나 민종덕은 3층에서 몸을 던진다. 노동자들이 자신들의 손목을 유리로 그어 교실 안이 피투성이가 되고, 같이 죽자고 휘발유를 바닥에 뿌린 뒤에야 경찰은 물러났다.

"이소선 어머니를 모시고 와라."

노동자들이 울부짖는 가운데 중부경찰서장은 "곧 모시고

올 테니 기다리라"고 회유했다. 그러나 이소선 여사가 돌아올 리 만무했다. 한참 대치하던 중, 전태일의 여동생 전순옥이 갑자기 창문 쪽으로 내닫는다. 창 밖으로 몸을 던진 순간 필사적으로 내뻗은 손들에게 그 다리가 잡혔다. 머리는 땅으로 향하고 다리는 이를 악물고 버티는 동료들의 손에 휘어 잡힌 채 전순옥이 울부짖는다.

"놔라! 죽게 해 줘!"

한 청년이 그를 끌어올려 골방에 가두어 버릴 때까지 전순옥은 이승과 저승의 경계에 머리와 다리를 걸치고 있었다.

## 40년이 흘러도 암담한 현실

경찰은 노동자들의 요구 조건을 모두 받아들일 것이며 이 사건으로 처벌하지도 않겠다고 약속한다. 스스로 몸에 칼을 대거나 경찰과의 싸움 와중에 피를 많이 흘린 동료들의 건강이 염려된 노동자들은 그 믿기지 않는 약속을 믿어 보기로 한다. 그러나 그들은 내려가자마자 연행되어 중부경찰서 지하실로 끌려간다. 그들 가운데는 열세 살, 열네 살 시다들도 있었다. 당시 14세였던 임미경은 형사미성년자로서 형사처벌이 면제되었으나 유신정권은 주민등록번호까지 조작해 가며 그녀를 구속시킨다.

그야말로 '머나먼' 나라 이야기같다. 하지만 분명히 우리

**학창** 시절 단골 술집은 늘 노래 소리로 떠나갈 듯 했다. 홀을 꽉 메운 각각의 팀들이 술과 노래에 동시에 취했기 때문이다. 어느 날 한 테이블의 학생들이 기막힌 노래로 좌중을 압도한다. 쩌렁쩌렁한 행진곡부터 은쟁반에 옥구슬이 춤추듯 아리따운 여학생의 독창까지, 어느새 홀은 그들의 리사이틀 무대로 변모해 버렸다. 또 한 번의 절창이 끝났을 때 홀 저 안쪽에서 꽤 학번이 높아 보이는 '노땅'이 목청을 돋구었다.

"정말 잘하네. 거기 무슨 과요?"

시끄럽던 장내가 일순 가라앉았는데 이 명창들은 그냥 웃을 뿐 대답을 하지 않았다. 성미가 좀 급한 편인 듯 했던 '노땅'이 무슨 과냐고 재우쳐 물으니 옥구슬 여학생이 입을 열었다. "저희는 ……" 그리고는 아주 잠깐 망설인 뒤 그녀는 유쾌하게 외쳤다. "청계대학 피복과입니다. 청계천 피복노조 노조원들입니다!" 그날 학교에서 있었던 집회에 참석한 후 뒷풀이를 왔던 청계천 피복 노조원들이었다. 찰나라고 하기엔 조금 더 긴 시간 동안 장내는 조용했다. 그러나 웬지 모를 미안함이랄까, 뜻밖의 당황스러움이랄까, 그 묘한 느낌이 빚어 낸 침묵은 청계대학 피복학과 학생들이 시작한 노래 한 곡으로 일거에 격퇴된다.

"불을 찾아 헤매는 불나비처럼 밤이면 밤마다 자유 그리워 …… 오늘의 이 고통 이 괴로움 한숨 섞인 미소로 지워 버리고 하늘만 바라보는 해바라기처럼, 앞만 보고 걸어가는 우린 불나비……" 그리고 합창이 됐다. "오 자유여 오 기쁨이여 오 평등이여 오 평화여. 내 마음은 곧 터져버릴 것 같은 활화산이여!!!!"

청계피복노조 이야기를 할 때마다 나는 그날의 노래 소리가 떠오른다. 자유를 찾아 헤매는 불나비. 그 속에 뛰어들어 몸이 타들어갈지언정 자유를 포기하지 않았던 저 용감한 불나비들과 함께.

주변에서 일어난 일이었고, 그때에도 태반의 사람들은 청계천 평화시장에서 무슨 일이 일어났는지를 깡그리 모르고 살았다. 지금도 우리는 그러고 있는지도 모른다. 노동자들에게 파업으로 인한 손해배상을 하라며 조합원 집에 들이닥쳐 가재도구를 압류하고 경매에 붙였던 재능교육, 열댓 명의 사람을 차로 깔아뭉갠 유성기업, 사장이 직원들 뺨을 슬리퍼로 때리고 다닌 피죤 등 전국 각지에서 수백 일 동안 고공에서 열기와 추위를 견디고 있는 고공 농성자들, 기업주의 농간으로 졸지에 잘려 나간 것도 서러운데 여당 대표로부터 "건실한 기업을 문 닫게 한" 악당으로 몰려 허파가 뒤집힌 콜트 콜텍 노동자들, 노조로부터도 정부로부터도 보호받지 못하는 사각지대에서 삶을 깎아 나가고 있는 비정규직 노동자들 등 우리 주위에서 벌어지는 일들은 전태일 시대 못지않게 암담하지만 눈여겨보는 이는 그때처럼 적다. 1977년 9월 9일의 전순옥처럼 창 밖에 매달린 사람들은 지금도 많다. 악착같이 그 발목을 부여잡은 손들의 힘은 빠져 가고, 무관심이라는 이름의 중력이 그들을 계속 땅으로 끌어당기고 있다.

2004년 서울대학교 김진균 교수가 세상을 떠났다. 그의 정년퇴임 인사말은 이렇게 시작한다. "이소선 여사께서 오시는 않았습니다만 저는 이소선 여사를 1979년 크리스찬아카데미 사건의 일심 공판 대법정에서 처음 뵈었습니다. 당시 사진을 보면 참 젊은 모습이었습니다. 그 법정에는 청계피복노조의 노동자들이 많이 방청하였습니다." 김진균 교수가 가장 좋아했던 노래 역시 〈불나비〉였고 그의 인터넷 아이디는 'bulnabia'였다. 누가 지었는지는 모르나 청계피복 노동자들의 노래라는 것을 아무도 부인하지 않는 노래. 그의 장례식에서도 〈불나비〉가 느리게 연주됐다.

"가시밭길 험난해도 나는 갈 테야. 푸른 하늘 넓은 들을 찾아갈 테야."

저 많은 불나비들이 없었던들 아직도 우리들은 어둠 속을 헤매고 있을 것이다.

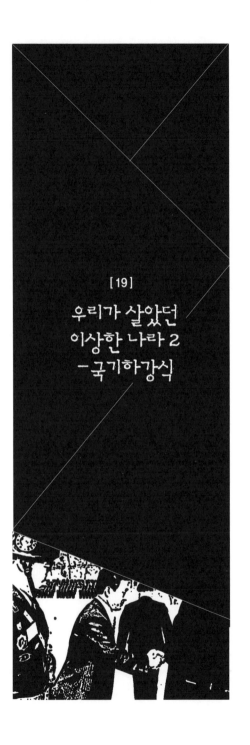

[19]

우리가 살았던
이상한 나라 2
- 국기하강식

## 국기하강식에 온나라가 '동작 그만!'

옛날 골목에는 아이들도 참 많았다. 골목 몇 개를 사이에 두고 살던 아이들은 윗동네, 아랫동네, 골목 끝동네 등으로 나뉘어 불렀고 곧잘 '쭈쭈바' 내기 축구 시합을 했다. 그런데 한 번 큰 싸움이 났었다. 후일 '패싸움'이라 명명할 집단 격투기를 그날 처음 보게 됐다. 발단은 국기하강식이었다. 우리 골목 골게터가 멋지게 두 명을 제치고 골대를 향해 쇄도하는데 갑자기 아랫동네 골키퍼가 뛰쳐나오기는커녕 부동자세로 가슴에 손을 얹고 저 높은 곳을 향해 버린 것이다.

"뭐꼬!" 비명 같은 절규가 양쪽에서 터져 나왔지만 내막을 아는 데는 1초도 걸리지 않았다. 애국가 소리가 천둥처럼 귀를 울리고 있었기 때문이다. 골키퍼 녀석은 숫제 그걸 경건하게 따라 부르고 있었다. 국기하강식이었다.

공을 몰고 가던 녀석은 붉으락푸르락 했지만 공을 골대 안에 넣지는 못하고 허망하게 서 있었다. 이 득득 가는 소리가 애국가 소리만큼이나 크게 들린다 싶더니 마침내 대한 사람 대한으로 길이 보전한 다음 사태가 터졌다. 공은 골대 앞에 두고 녀석이 골키퍼를 향해 몸을 날린 것이다. 그리고 '벤치 클리어링'이 일어났고 두어 명이 코피를 흘리는 것으로 상황이 종료됐다.

그날의 장면이 유독 생생히 떠오르는 것은 바로 1978년 10월 1일, 이 국기하강식 또는 국기하기식이 '범국민적으로' 강요되기 시작한 때문이다. 독재정권의 관행은 대개 항상 자발적 충성에서 비롯된다. 우리가 징그럽게 들었던 "나는 자랑스러운 태극기 앞에 조국과 민족의 무궁한 ……"은 충남인가 어딘가 지역 교육청의 아이디어가 전국화된 것이었고 이 하기식도 원래는 민간에서 비롯된 것이었다고 한다. 그런데 이를 가상히 여긴 정부 당국자가 이를 '범국민적으로' 펼치기로 한 것이다.

**2015년** 대종상 10관왕에 빛나는(?) 영화 〈국제시장〉을 나는 재미있게 봤다. 그중에서도 국기하기식 장면은 제일의 명장면이었다. 부부싸움 와중에도 "국기를 향하여" 오른손을 왼쪽 가슴에 대야 하고 그렇게 하지 않으면 눈총 화살을 무더기로 받아야 했던 시대를 이리도 실감나게 묘사한 영화가 또 있었던가. 어릴 적 기억에 남는 장면이 하나 있다. 오후 6시 거의 모든 사람이 멈춰 선 가운데 한 대학생 차림이 마치 보란 듯이 걸으며 장승처럼 멈춰 선 사람들 사이를 헤집고 다니던 기억. 그는 어떤 마음이었을까.

## 충성 경쟁이 '범국민적 강요' 로

내무부는 관공서, 공공단체, 학교 등은 매일 의무적으로 국기 하강식을 실시하도록 하는 지침을 전국 시·도에 시달했다. 이 지침에 따르면 "국기하강식을 볼 수 있거나 애국가 연주를 들을 수 있는 모든 국민은 그 자리에서 차렷 자세로 국기를 향해 경례하고 옥내에서는 차렷 자세를 취하되 태극기 쪽이나 애국가가 연주되는 방향을 향하도록" 규정하고 있다.

북한도 아니고 나치도 아닌데 매일 하절기 6시 동절기 5시가 되면 장중한 애국가가 사방에서 울려 퍼졌고 수백 수천 명의 사람들이 그 자리에 서서 엄숙하게 또는 난감하게 태극기를 쳐

**각군** 장성들과 재벌들, 기타 대한민국의 방귀깨나 뀌는 사람들을 모아 놓고 차지철이 주인 노릇을 했던 대통령 경호실 국기하강식. 차지철의 초청을 거부하면 박정희 대통령과 만나기가 어려워지는 것은 물론, 보복을 당할 수도 있다는 공포 때문에 그 쟁쟁한 사람들이 차지철의 들러리 노릇을 했다고 한다. 절대권력 시절에 필연적으로 등장하는 호가호위狐假虎威. 그리고 여우에 속아 바보가 되는 사람들.

다보며 우뚝 서 있는 장관이 도시마다, 읍내마다 펼쳐졌다. 국민학생들이 제일 엄숙했고 그다음 중학생, 고등학생, 이후 어른들 순이었을 것이다. 시커먼 교복에 교모 쓴 중고등학생들의 경우 예외 없이 거수경례로 태극기의 하강을 맞이했다. 아침 조회 때마다 "국기하기식 엄수"가 강조됐고 반 대항 축구 경기를 하다가도 멈춰야 했다. 거리에서도 바빠서 또는 멋모르고 국기하기식을 외면했다가는 '비국민' 취급을 감수해야 했다.

이 국기하강식을 가장 거창하게 치른 사람이 있었다. 그 이름은 차지철. 대통령 경호실장이었다. 유신 시절 권력의 세 핵심은 중앙정보부장, 비서실장, 경호실장이었다. 중앙정보부장과 비서실장은 그렇다 치고 경호실장이 대체 어떻게 권력의 실세가 되었을까. 대통령이 국왕을 능가하는 절대권력을 휘두르는 상황에서 경호실장이 그의 가장 지근거리에 있는 이였기 때문이다. 즉 경호실장이 못 만난다면 못 만나는 것이었고 경호실장이 들어가라고 할 때 들어가야 했던 것이다. '나는 새도 떨어뜨린다'는 악명 높은 중앙정보부 부장을 7년이나 지내며 막강한 권력과 힘을 자랑했던 '남산 돈까스' 김형욱조차도 경호실장 박종규에게 흠씬 두들겨 맞았다는 전설까지 있으니 알 만하다. 장수 경호실장 박종규가 육영수 여사 저격사건의 책임을 지고 물러나자 그 자리를 차고 들어온 것이 차지철이었다.

## "이 나라 구원자 되신 님의 뜻 받들고자"

그는 대통령 경호실장이 아니라 숭배실장이었다. 대통령의 신체적 경호뿐 아니라 '심기'까지 경호해야 한다는 박종규의 철학을 넘어서서 박정희라는 절대자의 '호위무사장'으로서 충성뿐 아니라 권력까지 누리려 했다. 어떻게 하든 그 위상을 드러내고 싶었던 그는 기상천외한 일들을 벌인다. 우선 경호대 병력에 새로운 제복을 입히는데 그 외양이 흡사 독일의 친위대 복장과 비슷했다. 그리고 경호대원의 노래를 만들어 부르게 했는데 그 가사가 거의 김일성 장군의 노래다.

"이 나라 이 겨레 구원자 되신 님의 뜻 받들고자 여기 모였네. ……"

그래도 박정희 대통령은 김일성보다는 비위가 약했던 모양이다. 맏딸이 차지철을 불러 "아버지가 거북해 하시니 그 노래는 그만하라"고 한 것이다. 그러나 뭐니 뭐니 해도 그가 벌인 해괴한 행동의 극치는 30경비단 등 수경사 대통령 경호 병력을 총집결시킨 뒤 벌이는 국기하강식이었다.

전두환과 노태우도 이 국기하강식에서 차지철을 향해 "경호실장님께 대하여 경례!" 구령을 붙이는 역할을 담당했었는데 청와대 경호실장은 재벌 회장들, 여야 간부들, 장관들을 대동하고 중앙에 서서 경호대 병력의 사열을 받았다. 이 사열식에 초대받지 못하면 대한민국에서 그 위상이 그만큼 미미

하다고 치부되었기에 어떤 이들은 기를 쓰고 참석하기도 했다니 비정상적인 체제에서 사람 망가지는 건 손바닥 뒤집기보다 쉬운 일인 듯하다.

시간이 되면 수백 명이 행진을 벌여 집결하고 경호실장이 가운데에 선 가운데 장관과 재벌 회장들이 그 좌우에 기립하여 국기 하강을 지켜보고 "이 나라 이 겨레 구원자 되신" 분의 안녕과 그 안녕을 책임진 경호실장에게 충성 경례를 하는 이 해괴한 풍경은 차지철이 화장실에 도망갔다가 확인사살 받던 날까지 계속됐다.

역사는 참 짓궂다. 차지철과 그 주인이 그렇게 죽은 이후 국기하기식에 부동자세로 서 있는 풍경은 점차 엷어져 갔지만 그래도 국기하기식과 애국가 방송은 그 후로도 오랫동안 시행돼 왔고 지금까지도 일부 시행되고 있다. 유신독재와 전체주의의 상징과도 같았던 국기하기식이 다르게 활용된 역사도 있다. 1987년 6월 10일 6시. 국기하기식의 애국가는 곧 6월항쟁의 신호탄이었다.

"국기하기식에 맞춰 애국가를 부릅시다."

이것이 당시의 약속이었고 시위의 시작이었고 시민들에 대한 함성이었던 것이다.

[보도 자료]

### 6.10 국민대회 행동요강

1. 당일 10시 이후 각부분별 총파업으로 고문살인 조작 규탄 및 호헌철폐 국민대
회를 개최한 후 오후 6시를 기하여 성공회 대성당에 집결 국민운동본부가 주
관하는 국민대회를 개최한다.

2. (1) 오후 6시 국기하강식을 기하여 전국민은 있는자리에서 애국가를 제창
하고,

 (2) 애국가가 끝난 후 자동차는 경적을 울리고,

 (3) 전국 사찰, 성당, 교회는 타종을 하고,

 (4) 국민들은 형편에 따라 만세삼창(민주헌법쟁취 만세, 민주주의 만세,
대한민국 만세)을 하던지 제자리에서 1분간 묵념을 하므로 민주쟁취
의 결의를 다진다.

3. 경찰이 폭력으로 대회 진행을 막는 경우 (1) 전국민은 비폭력으로 이에 저항
하며, (2) 연행을 거부하고, (3) 연행된 경우에도 일체의 묵비권을 행사
한다.

4. 전국민은 오후 9시에서 9시 10분까지 10분간 소등을 하고 KBS, MBC뉴스
시청을 거부하므로 국민적 합의를 볼 낸 현정당의 6.10국민대회에 항의하고
민주쟁취의 의지를 표시한다.

5. 대회가 만의 하나 경찰의 폭력에 의해 무산되는 경우 각부분 단체별로 교
회, 성당, 사찰 기타 편리한 장소에서 익일 아침 6시까지 단식농성한다.

6. 하오 6시부터 성공회 대성당에서 진행될 국민대회 식순은 추후 발표한다.

6월항쟁은 상공회의소 국기하강식을 신호로 시작됐다.
아마 이런 역사적인 '되치기'도 드물지 않을까.

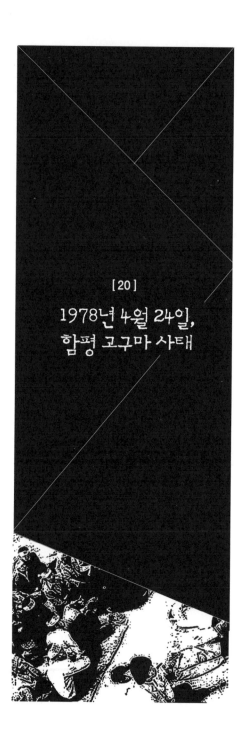

[20]

1978년 4월 24일,
함평 고구마 사태

## 농협 말만 믿었다가……

요즘은 나비축제로 유명한 함평군은 전남에서 해남, 무안군과 함께 고구마 주산지였다. 그런데 1975년의 고구마 값이 괜찮았던지라 1976년에는 예년보다 많은 2만 5천 톤의 고구마가 생산될 예정이었다. 당시 농협에서는 고구마가 한창 여물기 시작할 무렵인 7월부터 이를 전량 수매하겠다고 농민들에게 널리 선전하고 약속했다. 농협이 수매가를 포당(15관. 약 60킬로그램) 1,317원으로 고시했기 때문에 농민들은 가격이 좋은 농협 수매만을 기다렸다. 그래서 출하 시기인 11월에 상인들이 포당 1,100~1,200원까지 주겠다며 팔라고 했지만 농민들은 오불관언이었다. 농협에서 더 비싸게 사 준다는데 왜 상인들하고 거래를 하겠는가. 포대까지 만들어 나눠준 것이 농협이었다. 농민들은 고구마를 그 포대에 넣어 쌓아 두었다.

그런데 농협이 묘하게 나오기 시작했다. 찔끔찔끔 소량만 구입할 뿐 별다른 조치를 취하지 않았던 것이다. 시간이 지나면서 고구마가 썩어 나가기 시작했다. 고구마 썩는 냄새가 진동을 했고 그제서야 농민들은 살 길을 찾아 허겁지겁 내다 팔기 시작한다. 가격이 폭락해 포당 200원에 거래되기도 했을 만큼 사태는 심각했다.

한국사를 지켜라 ❷
대한민국이 유신공화국이었을 때

이러한 상황에서 농민들의 희망이 되어 준 것이 유일한 농민운동단체인 가톨릭농민회였다. 그중에서도 함평 가농은 회원들의 피해액을 정확히 산출해 농협에 피해 보상을 요구했다. 액수는 309만 원. 그런데 예나 지금이나 정부와 그 산하기관에 가까운 농협은 상당히 청력이 좋지 않았고 근 1년에 걸친 시위와 요구를 천연덕스럽게 묵살했다. 농민들은 마침내 최후의 수단을 결행한다.

## 피해 농민들의 목숨 건 단식투쟁

1978년 4월 24일 오늘 광주 북동 천주교회에서 전국 각지의 가농 회원 700여 명이 모인 가운데 윤공희 주교와 농민회 지

**함평** 고구마사건은 일제 시대 소작쟁의와 해방 공간의 농민투쟁 이후 수십 년 만에 부활한 농민의 저항이었다. 함평 농민들의 작은 승리는 유신정권에는 큰 타격이었으며 1년 뒤 '오원춘사건' 등 농민들의 목소리를 끌어내는 효시가 됐다.

도신부단의 공동 집전으로 열린 기도회에서 함평고구마 피해 보상과 농민회 탄압 중지, 구속회원 석방 등을 요구했다. 이 날 농협의 전남도지부장과의 면담이 기동대에 의해 저지되자 농민들은 성당 뜰에서 연좌농성에 이어 단식농성에 돌입한 다. 서슬 퍼런 긴급조치 시대였다. 정부 욕이라도 했다가는 사형까지 가능한 시대였다. 하지만 농민들은 아예 죽자고 입을 다물고 곡기를 끊었다. 마침내 닷새 뒤인 29일 당국이 피해액 309만 원을 보상하고 강제연행된 이들을 석방하기로 했지만 구속자가 석방되지 않자 농민들은 단식을 계속했다. 박정희가 가장 미워했던 가톨릭이 전면에 나서고 그에 힘입어 전국농민인권위원회가 결성되면서 유신정권은 몇 안 되는 양보를 한다. 연행자 둘을 내준 것이다. 그리고 농협에서는 함평 농민들에게 피해를 보상한다.

## 싸움 나선 농민만 보상

알고 보니 수매가 이뤄지지 않은 것은 농협 직원들의 장난이었다. 감사원의 농협 4개 도지부에 대한 감사 결과, 일부 단위 농협이 주정회사와 중간상인들과 결탁하여 76, 77년 2년 동안 고구마 수매를 위장 또는 조작하여 농협자금 80억 원(생고구마 24만 6천 톤 가량)을 유용한 사실이 드러난 것이다.

함평 고구마사건은 그렇게 농민들의 승리로 끝났지만 보

상이 이뤄진 것은 싸움에 열심히 참여했던 함평 가농 회원들에 국한된 것이었다. 피눈물 흘리며 헐값 받고 팔아치웠거나 '에고 이 무서운 세상에서 백성이 뭘 할 수 있겠냐' 고 고개를 내두른 사람들은 한푼도 보상받지 못했다. '우는 아이 젖 준다'는 옛 속담이 적용된 사건이었다. 그래서 배고프면 울어야 한다. 더구나 사악하고 나쁜 부모에게 젖 한번 얻어먹으려면.

2015년 11월 14일 국정교과서 반대와 그 외 열 한 가지 이슈를 내건 이른바 '민중총궐기' 에 참석한 농민 백남기 씨가 경찰의 물대포에 맞아 사경을 헤매다가 2016년 9월 25일 끝내 숨을 거뒀다. 중앙대학교 68학번으로서 이 책에 등장하는 험난한 1970년대를 자신의 20대와 바꾸었던 그는 이후 대부분의 삶을 농민으로 보냈다. 고희에 가까운 나이의 그가 서울에 온 이유는 27년 전 함평 농민들이 그랬던 것처럼 위정자들과 정부의 거짓말에 항의하고 농민의 생존권을 보장하라는 외침을 위해서였다. 지난 대통령 선거 당시 박근혜 후보는 80kg 한 가마당 17만 원이던 쌀 가격을 21만 원까지 회복시키겠다는 공약을 내걸었지만 지켜지지 않고 있는 것은 하나의 단면일 뿐, 농민들의 암담함은 세월과 공간을 넘어 총체적으로 커지고 짙어졌다. 백남기 씨는 어떻게든 그 갑갑함을 덜어보려고 서울행 버스에 몸을 실었고 결국 고향으로 돌아가지 못했다. 1978년 함평 농민들이 기어코 이겼듯 백남기 씨도 정부의 야만적인 물대포 직사의 충격을 이겨내고 일어설 수 있기를 정말이지 간절히 바랐지만, 바람은 바람으로 끝났다. 그저 좋은 곳으로 가셨기를, 그 죽음이 잊혀지지 않기만을 바랄 뿐이다.

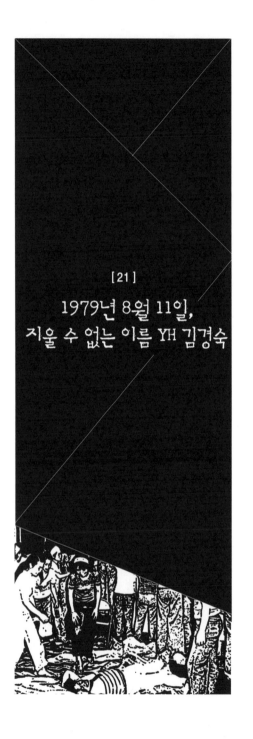

[21]
1979년 8월 11일,
지울 수 없는 이름 YH 김경숙

## 착한 누이 김경숙

그녀는 1957년생 닭띠로 전라남도 광산군에서 태어났다. 그녀 나이 여덟 살에 아버지를 여의고 떡장수로 생활전선에 나선 어머니를 대신해 동생 둘을 건사하는 일은 그녀의 몫일 수밖에 없었다. 당연히 국민학교 졸업을 끝으로 그녀의 학창시절은 끝났다. 사춘기도 채 넘기지 못한 나이로 그녀는 공장에 가야 했다. 그 시절의 여느 누이들처럼, 그녀는 자신이 무슨 희생을 치르더라도 동생들만큼은 번듯하게 자라야 한다는 확고한 믿음이 있었다. "준곤이한테는 이 누나가 꼭 대학까지 공부를 가르쳐 주겠다고 엄마가 대신 잘 말해 주세요. (준곤이는) 내가 살아가는 이유이기도 하니까요." 그녀가 죽기 사흘 전에 쓴 편지의 일부다.

김경숙은 "3개월에 5만~6만 원씩 어머니에게 송금해 동생 준곤 군의 학비를 대왔던"(《중앙일보》1979. 8. 12) 또순이였다. 당시 월급이 3만 원을 넘기 어려웠으니 월급의 3분의 2는 동생 학비로 시골에 부친 셈이다.

몇몇 공장을 전전하던 그녀는 1976년 가발 생산 기업 YH 무역에 입사한다. 왕십리에서 달랑 10명의 직원으로 시작하여 몇 년 만에 대통령 훈장이며 산업포장까지 골고루 거머쥔

YH무역이었지만, 애석하게도 김경숙이 입사하기 얼마전부터 급격한 사양길에 접어들고 있었다. 그래도 김경숙은 꿈이 있었다.

어떻게 해서든지 글 한 자라도 깨우치며, 시간의 여유를 갖지 않고 주어진 시간 속에 지내고 있지만 하나의 꿈이 서서히 이루어지고 있구나(민주화운동기념사업회 자료, 1978. 4. 17).

힘겹고 고달파도 꿈을 놓지 않으려 발버둥 치던 처녀는 꾹꾹 눌러 쓴 일기장 속에 스스로를 담는다. 그 일기장 속에는

**신민당사** 안에서 창틀에 매달리는 여성 노동자들. 경찰이 물러서지 않으면 투신하겠다는 울부짖음 속에 몇 명은 탈진해 쓰러지기도 했다. 공장 기숙사를 빠져나와 신민당에 집결하기까지 조직부 차장으로서 탈락 인원이 없기를 노심초사하던 김경숙도 그중의 하나였다. 하지만 그녀는 곧 깨어나 자신을 바라보는 조직원들 곁에 남았다. 아마 그녀가 실신한 채로 병원에 실려갔더라면 김경숙은 훨씬 더 오래 살았을 것이고 오늘날 환갑을 바라보는 나이가 돼 그 끔찍했던 날들을 돌아보고 있을 터이다.

하소연도 있었고 다짐도 있었다. 가끔은 일하는 기계요 공부하는 동생의 누나만이 아닌 한 명의 여자로서의 설렘도 가졌다가 와장창 환상이 깨지는 허망함도 있었다

펜 벗을 통해 알게 된 모르는 사람을 만난다는 것은 별로 좋지 않았지만 무엇인가 아쉬움에 약속 장소에 나갔다가 한번 사방을 둘러봤다. 나의 기대보다 실망이 커서 차마 만나지는 못하고 발길을 돌리고 튀김집에 들어가 튀김을 즐겁게 먹고 숙소로 돌아올 때, 나는 정말 바보다(민주화운동기념사업회 자료, 1978. 1. 8).

**고은** 시인은 YH사건을 두고 "유신 체제의 폭력 앞에서 하나의 명작"이라고 표현했다. YH사건은 박정희 정권 18년의 성장과 그늘, 전횡과 한계가 범벅이 되어 사람들 앞에 내동댕이쳐진 사건이었다. 이 사건으로 박정희 대통령의 미움을 산 김영삼 신민당 총재는 외국 신문과의 회견 내용을 이유로 국회의원직을 박탈당했고 이는 그 정치적 고향 부산의 분위기를 바꿔 놓았다. 유신 독재의 숨통에 비수를 들이댄 부마항쟁의 시작은 사실 YH사건이었다.

하지만 "(밤을 새워) 7시까지 일하고 아침을 먹고 또 근무를 하고, 비틀대며 숙소로 돌아와 밥을 먹는데 밥이 먹히지 않는" 노동을 하고서도 제대로 된 월급을 받지 못하고, 동료들이 직장 밖으로 내동댕이쳐지는 것을 보면서 김경숙은 "과격 같은 것 하고는 전혀 거리가 멀었던"(공장에서 운영하던 중학 교사의 증언) 삶에서 벗어나기 시작한다.

## 공장 폐쇄에 생존권 찾아 신민당사로

YH무역의 설립자 장용호는 한몫 챙겨 미국으로 도주한 지 오래였고, 그 뒤를 이어 회사를 맡은 장용호의 동서 진동희는 회사를 말아먹기만 하다가 결국 1979년 3월 공장을 폐쇄해 버린다. 하루아침에 밥줄이 끊긴 노동자들은 노동조합을 중심으로 결사적인 투쟁을 벌이지만 때는 '겨울공화국' 유신 시대였다. 헌법에 보장된 노동3권조차 대통령 긴급조치로 무력화되던 시기였던지라 그들의 호소를 들어주는 곳은 드물었다.

마침내 YH무역 여성 노동자 수백 명은 야당 신민당사에 집결한다. 당시 신민당 총재 김영삼은 적어도 그 순간만큼은 그가 태어난 역사적 가치를 다한다. "내가 있는 한 누구도 여러분을 끌어내지 못할 것"이라고 선언하고 여성 노동자들 편에 설 것을 다짐한 것이다. 그는 신민당사를 포위해 오던 마포경찰서 정보과장의 뺨을 때리면서 부르짖는다. "참말로 이 여공들을 뛰어내리게 만들끼가."

뺨을 실컷 맞은 마포서 정보과장이 물러난 뒤 득달같이 시경 국장으로부터 전화가 온다. "경찰을 때려? 2시까지 해산하지 않으면 들어간다." 시계를 보니 2시 2분 전이었다. 그리고 경적 소리가 날카롭게 세 번 울리는 것을 신호로 경찰은 신민당사를 덮쳤다. 신문기자고 야당 국회의원이고 가릴 것 없이 몽둥이와 주먹질이 퍼부어졌다. 여성 노동자들에게야 말할 것도 없었다. 그 와중에 김경숙은 건물 옆에서 추락사체로 발견된다.

## 무차별 폭행, 싸늘한 주검, 유신의 종말

경찰은 사망 원인에 대해 세 번씩이나 말을 바꿨다. 처음에는 "4층에서 떨어지는 것을 경찰이 받았다"더니 "동맥을 끊은 뒤 투신해 병원으로 옮기던 중 사망했다"고 번복했고, 최종적으로 "동맥 절단 뒤 4층에서 뛰어내려 자살했다"라고 발표했다. 그러나 이에 대해 많은 의문이 제기됐다. 부검 결과 김씨의 손목 상처는 동맥이 있는 부분보다 훨씬 아래쪽에 좌우가 아닌 수직으로 나 있어 자살을 기도한 흔적으로 보기 어렵고, 국립과학수사연구소 감정에서 나타난 흉부출혈, 타박상 등은 추락과는 관계없는 상처였다. 또 그 손등엔 쇠파이프 자국이 험악하게 나 있었고, 그리고 머리에는 무엇인가에 가격 당한 상처가 역력했다.

어떻게 죽었는지도 모르는 채, 찢어지는 가난 속에서 동생하나만 보고 살았던 성실한 여성 노동자는 스물 둘의 인생을 마쳤다. 그녀의 어느 날 일기는 다음과 같은 구절로 끝난다.

"성숙해져 버린 몸과 귀 그리고 사상과 이념 …… 어느 누가 이토록 우리를 성장시켰을까."

그녀의 성장은 1979년 8월 11일 참혹하게 멈췄다. 미국 국무성이 논평을 통해 "한국 경찰이 여성 노동자들의 농성을 해산하는 과정에서 지나치고 잔인한 폭력을 사용한 것을 개탄"할 정도로 끔찍한 폭력이었다. 그 폭력 앞에 그녀의 몸뚱이는 차디차게 식어 갔다. 그 죽음은 박정희 정권의 종말의 시작이었다. 유신의 종말을 부른 여성 노동자는 가족에게도 한 맺힌 유산(?)을 남긴다. 당시 신문 보도에 따르면 YH와 서울시, 광주시, 서울시경 등이 급히 마련한 돈 1,200만 원이 위로금 명목으로 전달된 것이다. YH공장 A급 노동자의 월급이 3만 원이던 시절이었다.

장용호. YH기업의 YH는 그의 이름의 이니셜이다. 1979년 이후 미국에 돌아가 살면서 모습을 드러내지 않던 그가 2014년 침묵을 깼다. 그는 뉴욕 한인회장 자격으로 한국 청와대를 방문해 YH사건 당시 자신을 비난했던 김영삼 대통령에게 "내가 왜 부도덕한 사람이냐?"고 따졌다고 한다. 그는 자신이 "미국에서 사업을 일으켜 자수성가하고 그 돈을 모아서 내 조국에 투자해 수출을 도운 사람"이라고 강변하면서 '도산(도시산업선교회를 이름) 때문에 망했습니다, 잘 아시죠? 노조 바람에 결국 회사 넘어가고 불명예스러운 꼴 당하고 ······"라고 투덜댔다(재미 탐사보도 전문기자 안치용의 인터뷰 중). 이런 사람들을 위해서 '최후의 심판'은 있어 주어야겠다.

[ 22 ]

# 1977년 4월 20일, 무등산 타잔 박흥숙

# 이소룡을 꿈꾸던 청년 박흥숙

사형제 존속·폐지를 둘러싼 논쟁의 와중에 사형 집행이 사실 상 '무기 연기'된 요즘은 덜 할지도 모르지만, 12월은 사형수 들에게 공포의 달이었다. 해를 넘기지 않기 위해, 또는 다음 정권에게 부담을 덜어 주기 위해 법무부 장관이 사형 집행 서 명을 무더기로 하는 일이 잦았던 탓이다. 대한민국에서 마지 막 사형 집행은 97년 12월 30일에 있었다. 이날 23명이 한꺼 번에 형장의 이슬로 사라졌다. 1980년에는 성탄절 이브에 사 형 집행이 있었다. 사형수 가운데에는 4명의 목숨을 앗아간 살인자가 끼어 있었다. 그 이름은 박흥숙이었다.

광주 무등산 바람재에서 토끼등으로 가는 길 중간에 있는 너덜겅 약수터. 그 근처에 광주 월드컵경기장이 훤히 내려다 보이는 전망 좋은 곳이 있다. 그 아래 계곡에 해당하는 동구 운림동 산 145번지 증심사 계곡 덕산골(속칭 무당골)이 박흥숙 이 살던 곳이었다. 그의 별명은 '타잔'이었다. 이소룡 같은 무 술 배우를 꿈꾸며 하루에도 몇 번씩 웃통 벗고 무등산을 종횡 무진하다 보니 붙은 별명이었다.

초등학교밖에 나오지 않았지만 사법고시 합격의 포부도 가 지고 독학에 정진하기도 했던 청년이었다. 이런 무등산 타잔에게 비운의 날이 닥친 것은 1977년 4월 20일이었다. 무당골에 산재해 있던 무허가 건물을 철거하기 위해 광주시 철거반원들이 나타난 날이었다. 평범한 아이들의 아버지요, 단란한 가정의 가장이었을 그들의 임무는 사람들이 살고 있는 집을 부수는 일이었다. 무당골의 철거는 상당히 진행되어 당시 현장에는 박흥숙의 집을 포함하여 네 채만 남아 있었다.

봐줄 만큼 봐줬다고 생각했던지, 전국체전을 앞둔 상부의 압박이 거센 탓이었던지 철거반원들은 필요 이상의 과잉 행동을 보인다. 몇 안 되는 세간을 끄집어낸 뒤 '철거'가 아니라 '방화'를 해 버린 것이다. 즉 집에 불을 질렀다. 박흥숙이 "지붕 위에 두른 천막만이라도 걷게 해 달라"고 사정했으나 오불관언이었다. 판자에 천 조각만 둘렀던 박흥숙의 집은 잘 마른 불쏘시개였고, 불이 붙은 집은 반쯤 정신이 나간 가족들의 비명 속에 활활 타올랐다. 박흥숙의 어머니는 집 안에 모아둔 돈 30만 원이라도 건지려고 불 속으로 뛰어들려 했지만 철거반원들에 의해 제지됐다.

## 잔인한 강제철거·방화에 쇠망치 든 박흥숙

박흥숙과 그 여동생 박정자와 남동생 둘, 그리고 어머니가 살던 판잣집은 이내 '철거 완료'됐다. 이윽고 다른 집을 철거하고 돌아선 철거반장의 눈앞에 기절한 만한 상황이 펼쳐졌다.

시퍼런 안광을 발하는 박흥숙이 나타난 것이다. 그의 손에는 철공소에서 일하던 시절 만들었다는 사제 총이 들려 있었다. 나이 서른아홉부터 스물일곱까지의 철거반원들은 그들의 임무 때문에 '철거를 위해 불을 지르는' 냉혈한이 되었다가 이제는 청년의 돌아가 버린 눈동자 앞에 생명의 위협을 받는 포로가 됐다. 그들은 노끈으로 몸이 묶여 박흥숙이 사법고시 공부방을 만들기 위해 파 놓았던 구덩이로 밀어 넣어졌다.

"광주 시장에게 전화하겠다"고 여동생이 산을 내려간 얼마 뒤 마침내 타잔은 분노의 광기를 터뜨리고 말았다. 포로가 됐던 5명 중 4명이 박흥숙이 휘두른 쇠망치에 목숨을 잃었다. 사건 이후 자수한 박흥숙은 사형 선고를 받는다. 유신정권이

**무등산** 타잔 박흥숙. 그는 가난이라는 정글 속에 던져진 타잔이었다. 보통 사람들처럼 자라지 못했고 항상 가난의 정글 속 맹수들의 이빨과 발톱에 노출돼 있었다. 타잔처럼 외롭게, 그러나 타잔만큼이나 당당하게 정글을 누비며 몸을 단련하고 언젠가는 정글에서 탈출하는 꿈을 이루기 위해 달음박질치던 한국의 타잔은 빈약한 둥지마저 털려 나가면서 이성의 끈을 놓치고 말았다. 목놓아 부르짖어도 달려올 코끼리 떼는 없었고 죄인이 된 타잔은 단호한 죄값을 받는다. 그를 가난의 정글 속에 내던진 자는 누구였던가.

공무 집행 중인 공무원을 고의적으로, 그것도 4명씩이나 죽여 버린 살인범에게 관용을 베풀 이유가 없었다. 그 뒤의 어떤 정부도 갖추기 어려운 덕목이었을 것이다. 그러나 그 엄혹한 시절에도 박흥숙의 사형만은 면해 달라고 나선 사람들이 있었다.

## "가난하면 국민이 아니란 말인가"

훗날 미문화원 방화사건으로 역시 사형 선고까지 받았던 조선대생 김현장이 그였다. 김현장은 "어렵게 마련한 집이 불태워지고 어머니마저 철거반원에 밀려 실신한 상황에서 우발적으로 일어난 범죄에 대해 사회의 관용이 필요하다"고 주장했다. 이에 힘입어 박흥숙 구명운동이 일어났지만 법의 이름으로 걸린 빗장은 쉽사리 풀어지지 않았다. 그리고 광주의 피보라가 몰아친 해 12월 24일 성탄절 이브에 무등산 타잔 박흥숙은 교수대 앞에 선다. 그의 최후 진술을 그대로 옮겨 본다.

당국에서는 아무런 대책도 없으면서도 그 추운 겨울에 꼬박꼬박 계고장을 내어 이에 응하지 않았다고 마을 사람들을 개 취급했습니다. 집을 부숴 버리는 것까지는 좋았는데 당장 오갈데 없는 우리들에게 불까지 질렀습니다. 돈이나 천장에 꽂아 두었던 봄에 뿌릴 씨앗도 깡그리 타 버렸습니다. …… 옛말에도 있듯이 태산은 한줌의 흙도 거부하지 않았으며 대하 또한 한방울의 물도 거부하지 않는다고 하지 않았습니까. 세상에 돈 많고 부유한 사람만이 이 나라의 국민이고, 죄 없이 가난에 떨어야 하는 사람들은 모두가 이 나라의 국민이 아니란 말입니까.

사법고시 합격과 무술 배우 이소룡을 꿈꾸며 기운차게 무등산을 뛰어다녔던 효성 지극하고 똑똑했던 한 청년을 죄인으로 만들고 평범하기 그지없는 공무원들로 하여금 사람들의 삶의 터전에 불을 놓게까지 만들었던 이유들은 대체 무엇이었을까. 4명의 머리가 쇠망치로 뭉개지고 한 명의 목숨이 교수대에 매달렸지만 과연 그 책임을 그들에게만 돌릴 수 있을까. 박흥숙 외에 그 사건에 책임을 진 사람은 없었으며 비슷한 일은 이후로도 수십 번 수백 번 반복되었다.

많은 사람들이 본의 아니게 죄인이 되었고, 피도 눈물도 없는 냉혈한이 되었고, 살인자가 되었다. 그 대부분은 대개 너무 평범해서 문제인 사람들이었다. 1980년 뒤의 자신의 생일 이브에 죽어간 박흥숙을 만나면서 예수는 무슨 말을 했을까.

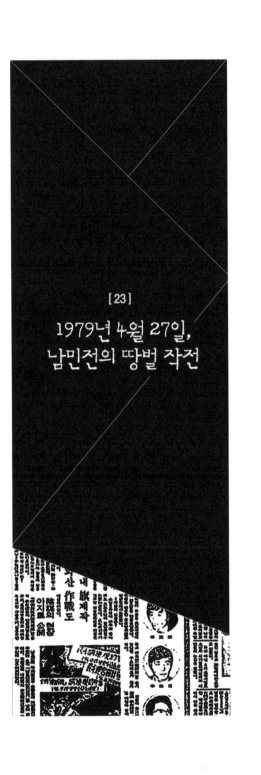

[ 23 ]

1979년 4월 27일,
남민전의 땅벌 작전

## 난잡한 재벌 습격한 무장강도단

지금은 그 이름이 장히 시들었지만, 한때 서울의 밤문화를 선도하던 7공자의 일원으로서 온갖 사치와 향락을 부리던 재벌 그룹 회장이 있었다. 이른바 재벌 2세였던 그의 일화는 차고 넘치지만 하나만 소개해 본다. 젊은 날의 그가 제주도에 나타나 그룹 회사의 제주지사장에게 거금을 내놓으라고 윽박지르는 등 분탕질을 치자 그 횡포에 분노한 제주지사장은 분연히 일어나 시외전화를 돌려 회장에게 직보한다. 충심어린 부하 직원의 호소를 들은 회장은 대충 다음과 같은 말을 남겼다고 한다.

"너 사표 내, 새끼야. 내 아들이 내 재산 쓰겠다는데 네가 왜 난리야."

그런 환경에서 자라 대한민국에서 손꼽히는 대그룹의 총수가 된 그는 밤하늘의 별 같은 신화와 전설을 남겼지만 그중에는 특이한 이력 하나가 있다. 대기업 총수로서는 특이한 범죄 피해자로서의 이력이다. 1979년 4월 27일 반포에 있던 그의 으리으리한 저택은 무장강도의 습격을 받는다. 그런데 이 무장강도단의 인적 구성은 아주 특이했다. 대부분 대졸의 인텔리들이었고, 전과가 있는 이도 있었지만 절도나 강도 등 이른바 잡범들과는 거리가 먼 시국 전과자들이었다.

그들은 예비군 훈련장에서 카빈총과 실탄을 빼돌리는 대담함을 보였고, 강도짓을 할 때에도 나름 치밀한 계획을 갖고 실행에 옮겼다. 고위 공직자 집에 침입해서 순금으로 만든 도끼 등 패물을 빼앗겠다는 '봉화산 작전'이었고, 문제의 그룹 회장의 집을 털고자 한 계획은 '땅벌 작전'이었다. 이들은 남민전, 즉 남조선민족해방전선 준비위원회의 조직원들이었다. 이들의 목적은 반유신 투쟁을 위한 자금을 확보하는 한편, 독재정권에 빌붙어 떡고물을 챙기던 재벌가에 대한 응징에도 있었다. 땅벌 작전에 가세한 조직원 가운데에는 시인 김남주도 있었고, 훗날 국회의원이 된 이학영도 있었다.

## 어설픈 강도단 반국가 조직 되다

대담하고 치밀했다고는 하지만 원체 범죄의 세계와는 거리가 먼 이들인지라 작전의 실행은 어설프기 짝이 없었다. 일단 그들은 경비원을 제대로 제압하지도 못했다. 묶는 데까지는 성공했지만 튼튼하게 결박하지 못해 경비원은 결박을 풀고 강력하게 저항했고, 결국 조직원 중 누군가가 그를 칼로 찌르고 말았다. 보도에 따르면 전치 3주였다고도 하고 '중태에 빠뜨렸다'는 얘기도 있으니 어느 쪽이 맞는가는 확실치 않지만 어쨌든 그들은 강도상해범으로의 범죄를 구성한다.

게다가 혁명가(?)로서의 보안 의식도 조금 낮은 편이었다.

대화 와중에 혁명 군자금 운운한 것이 바짝 긴장하고 있던 경비원의 귀에 들어갔고 이 정보는 부랴부랴 달려온 이근안 이하 수사팀의 귀를 토끼 귀처럼 쫑긋하게 만들었다. 그 결과는 일망타진이었다. 그리고 그들은 단순 강도미수범을 넘어 무시무시한 반국가 조직의 일원으로 구속 기소됐다. 남민전사건이 공식화한 것이다. 이 조직의 혐의자 가운데에는 한때 여

## '남조선민족해방전선 준비위원회'

줄여서 남민전. 남한南韓도 아닌 남조선에다가 베트콩으로 유명한 '남베트남민족해방전선'의 이름을 그대로 갖다 댄 혁명 조직에다가 자금 마련을 위해 재벌의 저택을 터는 일조차 서슴없이 감행하는 '혁명가'들의 출현에 정부뿐 아니라 반정부 인사들도 기겁을 했다. 전쟁 이후 남한 사회에 출현한 가장 급진적인 조직이었기에 이들에 대한 비난도 만만치 않았다. 그러나 유신헌법을 비판만 해도 징역에서 심지어 사형까지도 자유롭게 내릴 수 있었던 나라에서 남민전의 '급진'을 마냥 불가촉의 대상으로 치부할 수 있을까. 한 예로 남민전 깃발은 인혁당 사형수들의 속옷을 모아 만든 것이었다. 그 피맺힌 천조각들을 기워 색을 입히며 남민전 성원들의 가슴에는 어떤 감정들이 출렁거렸을까.

당의 실세였던 이재오도 있었고, 진보신당 당대표였던 홍세화도 있었다.

지금 세상에서 보면 그들의 행동은 사실 미친 짓이다. 지난 2012년 4·11총선에 경기 군포 지역에서 79년의 강도미수범 이학영이 출마했을 때, 상대 후보였던 검사 출신은 '강도상해범을 국회의원으로 둘 수 없다'고 집요하게 공격했는데, 액면가로 보면 그 말이 틀린 게 아니다. 물론 그 날선 공격 때문에 왕년의 땅벌 작전 수행자 중의 하나가 경비원을 찌른 것은 "이학영이 아니라 나"라고 공개적으로 밝히는 해프닝도 있었지만, 어쨌든 무장강도범의 일원이었음은 부정할 수 없는 것 아닌가.

그러나 하나 분명하게 더 직시해야 할 것은 그들이 미쳤다면 당시의 세상은 더 미쳐 있었다는 것이다. 박정희 대통령은 유신이라는 칼을 들고 헌정을 강도질한 유신 체제의 수괴였다. 제멋대로 헌법을 바꾸고 국민으로부터 대통령 뽑을 권리를 앗아갔으며, 자신의 권력 유지를 위해 자신의 권력에 도전하는 자체를 죽음으로 응징할 수 있었고 그 권리를 실제로 행사했던 시대의 '국사범'이라고 해야 옳다.

## '유신의 칼' 휘두른 '헌정강도범'

박정희의 공과는 세월이 더 흐른 뒤에 명확해질 것이라고 생각은 하지만, 적어도 79년 4월의 동토의 공화국 대한민국은

"캄보디아에서는 수백만 명을 죽여도 까딱없는데 우리도 싹 밀어 버립시다"가 통하는 나라였으며, 초등학교 1학년 어린 아이에게 담임선생님이 "여러분 경찰 아저씨는 제복만 입고 있지 않아요. 집에서 형이나 부모님들이 하시는 말씀을 밖에서 따라하면 사복 입은 경찰 아저씨들이 잡아 가요"라고 애타게 말하게 했던 나라였고, 노조 결성하겠다는 노동자들의 입에 똥을 집어 넣고, '타이밍' 같은 각성제를 먹고 철야작업을 하는 것은 일도 아닌 나라였다. 그리고 그 과실은 서울의 밤 문화를 선도하고, 각지 그룹 지사의 금고를 제 주머닛돈으로 알고 쓰던 귀공자들 같은 부류들에게만 돌아가던 나라였다.

'사흘 굶어 도둑질 안 하는 사람 없다'는 속담을 익히 아는 우리로서 사흘씩이나 굶어야 했던 시대의 강도라면 좀 다르게 평가해야 한다. 적어도 그 시절의 감옥 같던 공화국, 조금 부풀려 말하면 수구 우익들이 그렇게도 증오하는 북한의 통제사회와 맞먹는 감시사회, 그리고 부패사회를 꾸리던 국가에서 일어난 '땅벌 작전'에 대해서 단순하게만 접근할 수는 없다. 과연 내가 유신 시대에 청년이었다면, 그리고 양순하고 말 잘 듣고 모범적인 젊은이였다면 나는 그를 자랑할 수 있을까. 자랑할 수도 있을 것이다. 착한 것이 흉이 되지는 않는다. 다만, '나는 그랬는데 저 강도들은 ……'이라고 손가락질할 때 그 선함과 양순함과 타의 모범이 됨은 결국 비겁함이라는 단어 하나로 귀결될 수밖에 없지 않을까.

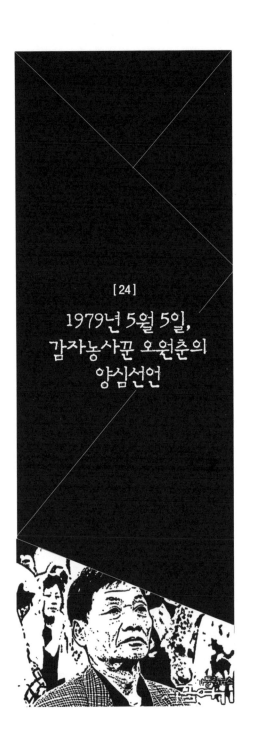

[24]

1979년 5월 5일,
감자농사꾼 오원춘의
양심선언

## 감자농사꾼 오원춘이 사라졌다

요즘 '오원춘'을 인터넷에서 검색하면 몇 해 전 수원에서 여성을 강간 살해하고 시체를 훼손한 조선족 오원춘만 뜬다. 그러나 진짜로 우리가 기억해야 할 오원춘은 따로 있다. 1979년 7월 17일, 정의구현사제단은 오원춘 납치폭행 사건과 관련한 오원춘의 양심선언을 발표한다. 그렇다면 오원춘은 대체 누구였을까. 그는 과거 중앙고속도로나 중부내륙고속도로가 뚫리기 전만 해도 한국의 '오지'로 불리던 경북 북부의 영양군 청기면에 살던 평범한 농부였다. 그의 평범한 삶에 파장을 일으킨 것은 관에서 심기를 권장했던 시마바라라는 품종의 감자였다.

관에서 시키는 일이니 망하지는 않으리라는 믿음이 있던 터라 농민들은 저마다 시마바라 감자를 심었으나 황당한 일이 벌어졌다. 감자에 싹이 나고 잎이 나야 수확을 할 텐데, 이 시마바라 감자는 싹을 도통 틔우지 못한 것이다. 그해 영양군 전체 감자 농사가 망할 지경이었다. '억울하긴 해도 별 수 없지 않느냐'고 포기한 농민들도 있었지만 가톨릭농민회를 중심으로 한 일부 농민들은 끝까지 물러서지 않고 무책임한 정부와 농협에 피해 보상을 요구했는데 그 선봉에 섰던 사람이 오원춘이라는 이였다. 그리고 그들은 7백만 원이라는 피해 보상을 받는 데 성공하게 된다.

사건은 이 보상운동에 앞장섰던 오원춘이 바쁜 농사철임에도 불구하고 여러 날 행방불명된 데서부터 시작된다. 그의 행방불명은 영양 천주교회의 야외미사에 오원춘이 참석하지 않은 것이 확인되면서 알려지기 시작했다. 정작 교회가 오원춘의 고백을 통해 공식적으로 알게 된 것은 그가 어디에선가 돌아온 지 수십 일이 지난 뒤였다. 그의 토로는 충격적이었다. 5월 5일 영양 버스터미널에서 정체 모를 남자들에게 납치되어 울릉도까지 끌려다니며 무수한 폭행과 협박을 당했다는 것이다. 그는 이를 양심선언으로 남긴다.

본인은 79년 5월 5일 영양 버스정류장에서 정체불명의 두 사람으로부터 납치당해 안동을 거쳐 포항 모건물(포항제철 부근 잿빛 건물) 안에서 이유 모를 폭행을 당하고(체제에 반대하는 놈은 그냥 둘 수 없다며 폭행하였음) 울릉도까지 15일 동안 강제격리된 상태에서 불안한 날들을 보낸 사실이 있어, 이를 교구 정의평화위원회에서 구성한 조사단과 농민회 조사단, 본당 신부님께 하느님께 받은 양심에 의해 진술한 바 있습니다. 이 사실은 차후에 어떠한 일이 있어도 '사실'이며, 만약 번복된다면 이는 외부적 압력이나 위협에 의한 강제적 결과일 것입니다. 가난하고 억압받는 농민들과 함께 일하려는 나의 동료 형제들에게 또다시 쏟아질지도 모르는 폭력과 압력 밑에서 주여! 작은 저희들을 지켜주소서.

다행인 것은 당시 천주교 안동교구 주교가 강단 넘치는 벽안의 사제 두봉이었다는 것이다. 권위주의에 기대지 않기 위해 주교 문장紋章을 만들지 않았고 농촌 지역이 대부분이었던 안동교구 특성을 살려 농촌 사목에 주력하며 전국 최초로 '가톨릭농민회'를 조직했던 그는 원주교구 지학순 주교가 유신정권에 체포되는 일이 벌어졌을 때 이렇게 말하며 지학순 주교를 지지한 바 있었다.

지 주교님 사건은 한국 교회를 일깨워 주는 계기가 되었다고 본다. 교회가 쇄신되어야 하고 사회 안에서 빛의 역할을 해야 되겠다는 것을 우리 많은 이가 절감하게 되었다. 일 년 전만 해도 한국의 사제들이 사회 정의를 구현하기 위해 나서리라는 것은 상상도 못했던 것이다. …… 현 시국에 관련된 운동에만 국한되어서도 안 되고 앞으로도 꾸준히 오래 지속되어야 할 것이며 우리 주변의 모든 분야에 적용되어야 할 것이다.

그의 휘하에 있던 천주교 안동교구는 이 말도 안 되는 납치 사건을 그냥 넘어가는 것은 예수를 따르는 이들로서 있을 수 없는 일이라고 판단하고 이를 세상에 알리는 작업에 나선다. 1979년 7월 17일 오원춘사건은 정의구현사제단에 의해 제작된 〈짓밟히는 농민운동〉이라는 문건을 통해 전국적으로 폭로되기에 이른다. 전국이 발칵 뒤집히는 순간이었다.

## 양심선언 번복한 오원춘 '구속'

그러나 얼치기 소설 쓰기의 명수였던 경찰은 매우 엉뚱한 방식으로 이에 대응한다. 현장 검증을 이유로 오원춘을 유인해 빼돌리더니 그를 매우 쳐서 증언을 번복시킨 뒤 "가톨릭농민회 안동교구연합회 이사이자 경북 영양군 청기면 분회장인 오원춘은 그해 5월 5일부터 21일까지 포항·울릉도 등지를 개인적으로 여행했음에도 불구, 모기관원에게 납치돼 폭행 감금 또는 감시받았다고 허위사실을 유포했다"고 주장한 것이다. 급기야 경찰은 오원춘은 물론 안동교구의 신부까지도 긴급조치 위반으로 구속한다. 최고의 쇼는 검사의 사무실에서, 심지어 교도소에서 증인들(?)까지 불러서 벌인 오원춘의 '자백'이었다.

보수적인 도시 안동의 목성동 성당에서 열린 기도회에는 김수환 추기경 이하 수백 명이 참석했고 이들은 유신 철폐를 부르짖으며 가두 촛불 시위를 감행했다. 반정부 시위에 사형까지 때릴 수 있는 긴급조치 시대였다. 이어 열린 공판에서 오원춘은 변호사를 바라보지도 못하고 검사만을 바라보며 공소사실을 시인했다. 공판 중 그는 계속 울었다. 변호사들은 서울에서 열차 타고 내려가 그를 변호하고 올라오곤 했는데 하루는 변호사 가운데 한 명이었던 황인철 변호사도 술에 취해 오원춘과 똑같이 기차에서 엉엉 울었다.

"세상에 뭐 이런 일이 있단 말이냐."

《강아지똥》으로 유명한 동화 작가 권정생 선생은 유언장에 세 명에게 자신의 뒤를 부탁한다고 썼다. 최완택 민들레 교회 목사, 박연철 변호사, 그리고 정호경 신부였다. 정호경 신부는 "잔소리가 심하지만 신부이고 정직하다"고 했다. 잔소리가 심한 것은 권정생 작가에게 뿐만이 아니었던 듯하다. 그는 유신 당시 안동교구 사무국장으로서 정권의 불의에 대해 '잔소리'를 멈추지 않았던 사람이기 때문이다. 오원춘사건 때 정호경 신부 역시 허위사실(?) 유포 혐의로 구속됐었다. 2012년 정호경 신부의 장례식에 전설적 인물이 된 오원춘 씨가 오랜만에 등장한다. 여덟 팔 자로 내리누른 입술과 금방이라도 눈물이 쏟아질 듯한 눈망울 속에서 우리는 수십년 전의 말같지도 않은 세월의 편린을 읽는다.

## 고문에 지친 몸 추스르며 다시 농군으로

재판부는 오원춘에게 징역 2년을 선고했다. 이 말도 안 되는 기소와 재판은 몇 달 뒤 허무하게 끝났다. 박정희 대통령이 심복의 총에 맞아 죽었던 것이다. 오원춘은 풀려났다. 그는 그 후 고향에서 고문으로 어두워진 귀를 매만지고 불편해진 몸을 추스르면서 평범하게 농사를 지으며 살았다.

그는 고추 농사를 지었는데 다시 한 번 그 이름을 드높일 때가 있었다. 1988년 가을에 있었던 '고추 시위' 때였다. 당시 고추 가격 폭락사태와 수매량 확대 문제를 놓고 농민들과 정부가 실랑이를 벌이던 무렵, 그는 치밀한 계획과 작전으로 영양군 농민들을 단결시키는 데 성공했고, 거의 모든 영양 농민들이 시위에 나섰던 것이다. "오원춘이 다시 나타났다"는 소식에 경찰은 경기를 일으켰고 영양이라는 고을이 생긴 이래 최대인지도 모를 병력을 투입해 대응에 나섰다. 이는 오원춘의 이름값이었고 그의 양심선언과 1979년 7월 17일 전국을 강타했던 정의구현사제단의 폭로가 역사의 샘에 일으킨 파문과도 같았다.

말년의 정호경 신부. 유신의 암흑기에 농민들을 일으키고 묶어세우고 그 앞에서 어둠의 정부와 싸웠던 참그리스도인. 1992년 "너무 오래 '입품, 글품'으로 살았다. 이제는 땀 흘려 일하는 '일품'으로 살고 싶다"라며 경북 봉화군 산골짝으로 내려간 뒤 유기농 농사를 짓고 성경을 목판에 새기는 작업으로 여생을 보냈다. 그의 유언은 다음과 같은 내용으로 끝난다. "모든 생명이 욕심을 버리고, 더불어 일하며 정을 나누는 세상을 위해 기도하겠습니다. 경쟁의 문명은 공멸입니다. 상생의 문명만이 구원의 길임을 믿습니다."

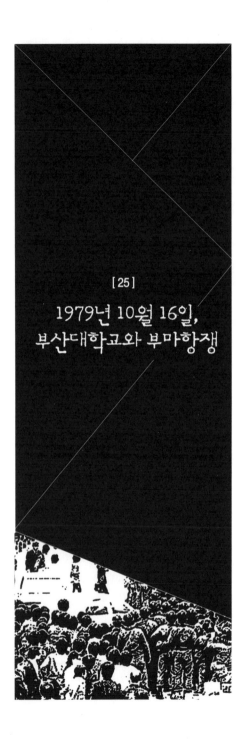

[ 25 ]

1979년 10월 16일,
부산대학교와 부마항쟁

## 부산대학교는 '유신대학교'?

1979년 서울은 꽤 시끄러웠다. 대통령이 대학 하나에 휴교령을 내리면서 긴급조치를 발동하는 우스꽝스러운 일이 일어났고, 여타 대학교의 학생들은 끈질기게 유신의 폭압에 저항하고 있었다. 그런데 한국 제2의 도시의 국립 부산대학교는 유독 조용했다. 어떤 조직 사건에 얽혀 부산대학교 학생운동권이 붕괴 수준의 타격을 입은 것이 가장 큰 원인이었지만, '유신대학교'라는 비아냥을 들을 정도로 조용했다. 오죽하면 모여대에서 소포로 가위를 보내 "잘라 버려라"라고 했다는 유언비어까지 생겨났을까.

하지만 부산대학교 학생들도 끊임없이 뭔가를 준비하고 있었다. 거기에 조응하기라도 하듯 부산이 지역구였던 김영삼 당시 신민당 총재가 《뉴욕타임즈》와의 회견에서 미국은 독재 정권을 지원하면 안 된다는 식의 인터뷰를 빌미로 국회에서 제명되는 등 부산의 민심을 자극하는 사태가 일어났다.

마침내 시위 날짜가 잡혔다. 10월 15일이었다. "15일 10시 도서관 앞으로!"라는 유인물이 도처에 뿌려졌지만 시위는 일어나지 않았다. 그건 학생들의 호응이 적은 탓이 아니라 준비의 미비 탓이었다. 오전 10시 직전에 "10시에 집결"하라는 유인물을 뿌렸으니 될 일이 아니었다. 그러나 학생들은 웅성거렸다.

"할라모 학실하게 하지. 언넘이 이따구로 했노."

"때가 왔습니다" 외침에 "나가자!"

시위는 다시 준비됐다. 그 주역은 경제학과 2학년 정광민이었다. 전날 밤새 등사기로 밀어 낸 선언문을 몇몇 학우들에게 나눠준 후 정광민은 자신의 동기들과 선후배들이 앉아 있던 강의실 문을 박차고 들어간다.

"여러분 때가 왔습니다. 유신독재에 맞서 우리 모두 피 흘

**부마항쟁의** 불씨를 당긴 대학생 정광민의 요즘 모습. 그는 운명의 그날 마치 '긴 뱀처럼' 운동장을 휘감아 돌던 동료 학생들의 대열을 생각하면 가슴이 뛴다고 한다. 그는 경찰에 체포돼 물고문을 당한 끝에 죽을 고비를 넘겼고 경찰은 그가 피난민의 아들임을 기화로 고정간첩으로 몰아가려 했다. 그의 절친한 친구였던 이용수가 고문 후유증으로 일찍 세상을 떴을 만큼 고문은 혹독하고 잔인했다.

려 투쟁합시다."

강의실에 앉아 있던 40여 명의 학생들은 그야말로 용수철처럼 튀어올랐다. 차마 내가 입 밖으로 꺼내지는 못해도 누가 대신 해 주기를 애타게 기다리고 있었던 말을 들은 것이다.

"나가자."

인근의 학생들이 끼어들고 도서관에서 준비 중이던 또 다른 시위 팀이 가세하면서 삽시간에 시위대는 수백 명으로 불어났다. 그리고 지난 몇 년 간 감히 입 밖에 냈다가는 사형 선고도 감수해야 했던 두려운 구호가 캠퍼스를 울렸다.

"유신독재 타도하자!"

시위가 일어나면 주동자부터 잡는 것을 메뉴얼로 익혔던

## 억눌린 우리 역사 터져나온 분노
매운 열기 칼바람에도
함성소리 드높았던
동트는 새벽별 시월이 오면
핏빛 선 가슴마다 살아오는 십일육
동지여 전진하자 깨치고 나가자
뜨거운 가슴으로 빛나는 내일로
−1989년 세워진 부마항쟁 기념탑에
새겨진 시월의 노래

사복형사들이 정광민을 덮쳤다. 그러나 잠시 후 그들은 학생들에게 얻어터지고 언덕 아래로 굴러 떨어지고 만다. '유신대학교'에서 유신의 종말을 알리는 봉화가 오르는 순간이었다.

수천 명으로 늘어난 시위대였지만 구호 외에는 하나로 그 감정을 모으고 의지를 다질 노래가 부족했다. 애국가도 한두 번이고 '선구자'는 너무 장중했다. 오죽 부를 노래가 없었으면 "일출봉에 해 뜨거든 날 불러주오"까지 나왔다. 어둠이 영원할 것 같은 시절, 쨍하고 떠오를 해가 그리웠던 마음은 이해하겠지만 데모할 때 부를 노래는 도저히 아니었다.

그때 술 떨어진 술꾼처럼 뭔가 아쉬움에 허덕이던 부산대학교 학생들의 마음을 묶어 세운 노래가 캠퍼스에 울려 퍼졌다. 부산대학교 교가였다.

"…… 진리와 이상으로 불타는 젊은 학도 외치노니 학문의 자유 이곳이 우리들의 부산대학교, 부산대학교 ……"

학생들은 이 노래를 부르며 눈물을 글썽거렸다. 이윽고 사복경찰이 판을 치던 캠퍼스는 분노한 젊음들에 의해 장악됐다.

## 학생과 시민 하나가 되다

수천 명의 학생들이 필사적으로 저지하는 경찰의 벽을 무너뜨리고 시내로 진출했다. 곳곳에서 격렬한 충돌이 빚어지는 가운데 학생들은 시청 앞으로 집결하기로 했다. 학생들을 가득 가득 태운 버스가 시청 앞으로 내닫자 경찰은 그 중간 지점인 서면을 차단하고 버스에 탄 대학생들을 무조건 끌어내렸다. 그러나 경찰은 그 짓을 하는 것이 얼마나 미련한 것인지를 곧장 깨달았다. 간선도로가 하나뿐인 부산에서 서면을 틀어막는 것은 전 도시를 마비시키는 일이었던 것이다. 속수무책 대학생들의 버스는 시민들의 환호 속에 남포동으로 달렸다. 어떤 버스 기사는 경찰차가 쫓아오자 맹렬히 가속페달을 밟아 경찰을 따돌리기도 했다.

남포동에 집결한 학생들은 경찰에 맞서 데모를 벌이면서 또 한번 자신들의 교가를 부르면서 뭉친다.

"젊은 학도 외치노니 학문의 자유 이곳이 우리들의 부산대학교, 부산대학교 ……"

남포동 번화가에는 부산대학교 출신의 회사원들이 부지기수였다. 그들은 가물가물한 교가를 따라 부르며 후배들을 고무한다. 남포동에서 가까운 동아대학교 학생들도 합세했고 마침내 남포동은 분노와 희망, 열기와 각오를 장작으로 한 불바다가 된다.

4·19혁명을 불러온 3·15마산의거로 이승만 정권이 무너졌듯이 이날 부산의 항쟁은 유신정권의 종말의 시작이었다. "부산과 마산이 일어나면 정권이 바뀐다"는 신화를 완성한 사건이었고, 1987년 6월항쟁의 물길을 바꿔 놓았던 부산 대시위의 전초였다. 현지를 시찰했던 유신정권의 중앙정보부장

김재규의 증언은 그 성격을 정확히 꿰뚫고 있다.

160명을 연행했는데 16명이 학생이고 나머지는 다 일반 시
민입니다. 그리고 데모 양상을 보니까 데모하는 사람들도
하는 사람들이지만 그들에게 주먹밥을 주고 또 사이다나
콜라를 갖다 주고 경찰에 밀리면 자기 집에 숨겨 주고 하는
것이 데모하는 사람과 시민들이 완전히 의기투합한 사태입
니다.

1979년 10월 16일 부산대학교의 불씨는 그렇게 불의 홍수
가 되어 도시를 덮쳤고 열흘 뒤에는 독재자의 목숨까지도 삼
킨다. 역사는 그 불의 홍수를 '부마항쟁'이라 부른다. 부산은
'롯데자이언츠'의 도시가 아니라 대한민국을 여러 번 뒤바꾼
도시였다. 비록 오늘날에는 그 사실이 잊히거나 아예 분실되
었거나 부산 스스로가 그를 저버렸다고 하더라도.

한국의 민주주의를 위한 오랜 역사의 상징 같은 사진은 1987년 부산 문현동 시위에서 나왔다. 한 여윈 청년이 갈비뼈를 드러낸 맨몸으로 최루탄을 쏘지 말라고 두 팔을 벌리고 뛰어나오는 모습, 그리고 그 배경이 되는 대형 태극기. 부마항쟁의 도시 부산은 이 사진으로 또 한번 역사에 남는다. 모든 것이 과거일 뿐이라고 코웃음 칠 수도 있다. 그러나 모든 과거는 미래가 될 수 있는 가능성을 지닌다. 그것이 역사다.

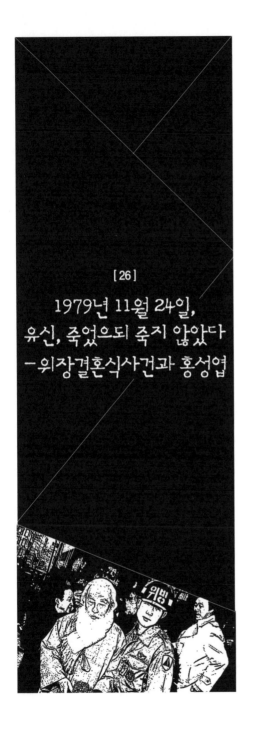

[26]

1979년 11월 24일,
유신, 죽었으되 죽지 않았다
─위장결혼식사건과 홍성엽

## 제가 희생할 때가 왔습니다

그악스럽게도 대한민국을 쥐고 흔들던 박정희 대통령이 죽었다. "야수의 심경"이 된 중앙정보부장의 권총은 사정없이 유신의 심장을 꿰뚫었다. 그러나 유신의 주인은 죽었으되 아직 유신은 죽지 아니하였다. 박정희 대통령이 죽자마자 발동된 비상계엄은 전국을 뒤덮고 있었고 고인이 아홉 번이나 내려 국민들의 머리를 옭아매려 들었던 긴급조치는 아직 그 시퍼런 살기를 누그러뜨리지 않고 있었다. 박정희도 죽었는데 우리가 그냥 숨죽이고 있을 수는 없지 않겠는가. 또 한번 체육관에서 대통령이 뽑히는 꼬락서니를 두고 볼 수는 없지 않겠는가 생각한 사람들이 있었다. 민주청년협의회도 그중 하나였다.

당시 당국의 허가를 받아 집회를 한다는 것은 고양이에게 생선을 내주고 온전하기를 바라는 격이었다. 그래서 머리를 짜낸 것이 결혼식이었다. 합법적으로 사람이 모일 수 있는 공간이라면 결혼식과 장례식. 장례식이라면 누굴 생으로 죽여야 하는데 그럴 수는 없으니 자연 결혼식에 초점이 모아졌다. 그런데 결혼식도 누군가 결혼을 해야 열릴 수 있는 것 아닌가. 남자와 여자가 있어야 하고 그 가족이 있어야 하고 청첩

장도 그 혼주의 이름으로 돌려야 그럴듯할 게 아닌가. 우선 신랑과 신부가 필요했다. 아니 둘 중의 하나라도 필요했다.

그때 나선 게 연세대 사학과 73학번 홍성엽이었다. 《경향신문》 신동호 편집위원에 따르면 그는 이렇게 말하며 신랑으로 자원했다고 한다.

"제가 희생할 때가 왔습니다."

운동권이라기보다는 세파에 초탈한 도인에 오히려 가까운 성격이었다는 그는 이미 '희생'한 적이 있었다. 2학년 때 학교에 벽보를 붙이다 징역 5년을 선고받았던 것이다. 벽보 붙인다고 5년이다. 박 대통령 1세의 폭압은 상상 이상이었다. "남이 안하려는 일은 다 하겠다고 나서던"(최열 회고) 그가 다시 독사 눈 시퍼런 계엄 정국 첫 시위의, 그것도 가짜신랑 역을 맡겠다고 자청한 것이다.

## 축혼행진곡 대신 낭송된 민주 회복을 위한 선언문

그는 어머니께 이렇게 말했다고 한다. "큰일을 하고 죽어야 하는데 동의해 주셔야겠다"며 그 사실을 알렸다고 한다. 어머니는 어쩔 수 없이 묵인했고 아들의 가짜결혼의 혼주가 된다. 어이없어진 것은 홍성엽의 담당형사였다.

"아니 갑자기 결혼이라니. 대체 내가 모르는 개 애인이 어디 있다고! 어머니 정말 결혼하는 겁니까?"

하지만 그 아들에 그 어머니, 어머니는 경찰이 물을 때마다 단호하게 결혼은 사실이라고 대답했다고 한다. 신랑은 그렇게 구색을 맞췄는데 신부는 가상인물이었다. 민주화운동 단체 간부를 맡았고 그 이전에 세상을 뜬 윤형중 신부의 성씨를 빌렸고 이름은 '정민'이었다. 당시 18년간 '군정'의 통치를 받은 이들의 꿈인 '민정民政'을 살짝 비튼 이름. 신랑 홍성엽 군과 신부 윤정민 양의 결혼식 날짜는 1979년 11월 24일로 정해졌다.

대회장은 함석헌 옹이었고 주례는 전 공화당 의원이자 이제는 재야인사가 된 박종태가 맡았다. 전 대통령 윤보선도 하객이었고 똥물사건으로 유명한 동일방직 노동자들과 원풍모방 노동자들도 초대를 받았다. 양복들 근사하게 걸치고 친구(?)의 결혼을 축하하기 위해 모여든 학생들도 많았다. 신랑이 기운차게 입장했다. 그런데 그 순간 축혼행진곡 대신 민주 회복을 위한 선언문이 우렁차게 낭송됐고 유인물이 식장에 눈발처럼 휘날렸다. 만세 소리와 함성 소리가 잠깐 장내에 그득했지만 바로 그 결기는 난폭한 굉음에 스러지고 만다. 윤보선과 함석헌을 미행하던 경찰들이 낌새를 알아차리고 의자를 내던지며 결혼식을 쑥밭으로 만든 것이다. 계엄시대였으니 계엄군도 합세했다. 이총각 동일방직 노조위원장에 따르면 "그동안 폭력적인 경찰로부터 수없이 당해 봤지만 그날의 상황은 생각만 해도 오금이 저릴 정도로 무시무시한 것이었다."

## 민주주의라는 신부를 위한 수절이었을까

이날은 많은 사람들의 삶에 중요한 영향을 미친다. 백기완은 보안사에 끌려가 정신착란을 일으킬 정도로 고문을 당하고 까무러친다. 윤보선은 불구속이 됐지만 이날 이후 신군부의 회유에 넘어가 나이 여든에 전두환의 똘마니 노릇을 하는 주책을 부리게 된다. 이 사건을 알고 있으면서도 사실상 방조하여 집회를 성사시킨 후 때려잡았다는 설까지 있는 신군부의 보안사는 악마처럼 사람들의 손톱을 뽑고 콧구멍에 고춧가루물을 붓고 전기로 지졌고 몽둥이로 찜질을 한 뒤 '내란음모죄'(이 죄목 어디서 많이 들었다)로 엮어 감옥에 넣어 버렸다.

신랑 홍성엽이야 말할 것이 없었다. 아마 다른 사람이 받은 고통의 다섯 배는 감당해야 했을 것이다. 이 고문 때문에 그는 이후 정상적인 사회 생활을 영위할 수 없었다고 한다. 하지만 그는 역시 걸물이었다. 신동호 편집위원에 따르면 그는 법정에서 이렇게 말하며 신군부의 따귀를 때린다.

"폭행당한 내용을 전부 말하는 것은 군의 체면을 위해 그만두기로 하겠다."

세상에 이렇게 말 한마디로 상대방의 면상에 흙탕물을 끼얹을 수 있다니.

신동호 편집위원에 따르면 그는 계속 운동을 하다가 1987년 백기완 민중후보 선거본부 일을 끝으로 운동권과 절연했다고 한다.

"국선도·천도교 등 종교적·도인적 삶에 심취했다. 그와 민
청협 활동 등을 같이 했던 문국주 민주화운동기념사업회 상
임이사에 따르면 도인으로서 그는 손을 대지 않고 다른 사람
을 진맥할 정도로 높은 경지에 이르렀다. 홍씨가 운동권과 절
연한 이유를 아는 사람은 거의 없다. 그가 운동과 결별한 1988
년은 직선제 헌법에 의해 노태우 정부가 들어선 해였다. 비록
가짜신부이긴 하지만 자신의 반려자인 윤정민, 즉 민정이 세

**함께** 산 세월은커녕 얼굴도 가물가물한 신랑을 기다리며 평생을
수절한 한국 여인의 이야기는 널려 있다. 식민지와 분단, 전쟁을 거치면
서 한국 현대사는 전국 곳곳에 수많은 작은 은하수들을 파 놓고 헤아
릴 수 없는 견우와 직녀들을 만들어 놓았다. 하지만 애초 있지도 않았던
신부, 상상 속에서도 없던 신부와 결혼식을 올린 뒤 평생 홀로 살다 간
한 헌걸찬 인물의 이야기는 한국뿐 아니라 세계 어디에도 없지 않을까.
평범하게 살 수 있었던 사람들이 너무
특별하게 살다 갔고 평화로운 시기였
으면 양지녘에서 큰 빛을 발할 수 있었
겠으나 그늘에서 찬바람만 맞다가 역
사 속으로 사라진 인걸들도 부지기수
다. 다시금 그 시기에 이를 갈아붙인
다. 아! 유신. 대한민국이 유신공화국
이었을 때.

상에 모습을 드러낸 것이라고 할 수 있다. 따라서 그가 진정 자신이 살고 싶던 삶으로 복귀함으로써 상상의 신부인 민주주의와 달콤한 결혼 생활을 시작한 것은 아니었을까."

도인으로의 삶을 살던 그에게 백혈병이 찾아 왔고 그는 오랜 투병 끝에 2005년 사망했다. 위장결혼식사건 이후 그는 진짜 신부를 맞이하지 않고 평생 독신으로 살았다. 참으로 후덕하고 듬직하게 생긴 한 청년은 그 결혼식의 '정민', 즉 민정을 위해 수절했던 것일까. "남이 안 하려는 일이면 항상 나서서 하고" 어머니를 설득해 자신의 죽을 자리를 마련했던 젊은이는 쉰 셋의 아까운 나이에 세상을 떠났다. 34년 전 오지 않을 신부에 앞서 성큼성큼 주례 앞으로 나아가던 한 '신랑'의 명복을 빈다. 그가 원하던 민주주의라는 신부는 오늘날에조차 아직 화장을 마치지 못했음에 미안해하며.

# 찾아보기

**한국사를 지켜라 -2**
## 대한민국이 유신공화국이었을 때

⊙ 2016년 6월 9일 초판 1쇄 발행
⊙ 2016년 11월 1일 초판 3쇄 발행
⊙ 지은이          김형민
⊙ 펴낸이          박혜숙
⊙ 디자인          이보용
⊙ 종이            화인페이퍼
⊙ 펴낸곳          도서출판 푸른역사
  우) 03044 서울시 종로구 자하문로8길 13
  전화: 02) 720-8921(편집부)  02) 720-8920(영업부)
  팩스: 02) 720-9887
  전자우편: 2013history@naver.com
  등록: 1997년 2월 14일 제13-483호

ⓒ 푸른역사, 2016

ISBN   979-11-5612-076-6  04900
       979-11-5612-074-2  04900 (세트)